小书本 大世界 XIAOSHUBEN DASHIJIE

88位中外名人故事

崔钟雷 主编

吉林美术出版社|全国百佳图书出版单位

图书在版编目（CIP）数据

88 位中外名人故事 / 崔钟雷主编 . —长春：吉林美术出版社，2010. 10（2022.1 重印）

（小书本大世界）

ISBN 978 - 7 - 5386 - 4734 - 1

Ⅰ. ①8… Ⅱ. ①崔… Ⅲ. ①名人 - 生平事迹 - 世界 - 青少年读物 Ⅳ. ①K811 - 49

中国版本图书馆 CIP 数据核字（2010）第 185730 号

书　名：88 位中外名人故事

策　划　钟　雷
主　编　崔钟雷
副主编　刘志远　芦　岩　杨亚男
出版人　赵国强
责任编辑　栾　云
开　本　787 × 1092 毫米　1/16
字　数　100 千字
印　张　12
版　次　2010 年 10 月第 1 版
印　次　2022 年 1 月第 4 次印刷

出　版　吉林出版集团
　　　　吉林美术出版社
发　行　吉林美术出版社图书经理部
地　址　长春市人民大街 4646 号
　　　　邮编：130021
电　话　图书经理部：0431 - 86037896
网　址　www. jlmspress. com
印　刷　北京一鑫印务有限责任公司

ISBN 978 - 7 - 5386 - 4734 - 1　　定价：35. 80 元

前言 QIAN YAN

广阔的宇宙如此浩瀚，有太多的谜团吸引我们好奇的心；纷繁的世界如此丰富，有太多的精彩诱惑我们明亮的眼睛。

在快节奏的现代生活里前行，我们有时需要静下心来翻开一本书，让疲惫的精神在知识的家园里徜徉。“小书本大世界”这套丛书，便可以满足我们的需要。

本系列丛书编入了人们最感兴趣的话题，并且图文并茂，图说新颖。未解之谜包含了自然、社会、历史众多的悬疑奇案，《动物世界》展现了各种动物的千姿百态，《十万个为什么》解答了大千世界的种种疑问，《88 位中外名人故事》演绎了各位名人成才的艰辛历程，《地球之最》涵盖了人类家园的最新知识。

小小的书本里面蕴藏着一个大大的世界，在小书本里面，可以汲取无尽的知识，可以开阔狭窄的视野，还可以带来心灵上的轻松和愉悦。那么，让我们快速打开这套书，享受其中的乐趣吧。

编　者

目录 MU LU

英雄人物篇

各界精英篇

科学家篇

文学家篇

艺术家篇

政治、军事家篇

英雄人物篇

在英雄的故事中，我们感受到的是不屈的灵魂，是一个民族血泪抗争的历史。在英雄的身上，我们看得到常人的爱恨情愁和柔情似水，但我们看到的更多是他们身上智慧的火花，勇气的闪光。

——岳飞

怒发冲冠，凭栏处，潇潇雨歇。抬望眼，仰天长啸，壮怀激烈。三十功名尘与土，八千里路云和月。莫等闲，白了少年头，空悲切。

——《满江红·怒发冲冠》

字　号：字鹏举

生卒年：1103 年—1142 年

出生地：相州汤阴（今属河南）

品　质：忠君爱国、能征善战

岳飞是南宋时期一位著名的抗金英雄。他精忠报国，抗击当时的外族入侵；创立了纪律严明、能征善战的岳家军，并写下了千古绝唱《满江红·怒发冲冠》。岳飞从小就树立了报效祖国的雄心壮志，10 岁起就跟一位山中老人周侗学武艺、读兵法。

岳飞练功十分刻苦。一天清晨，北风呼啸，大雪纷飞，和岳飞住在一起的小师兄弟王贵、张显、汤怀都因怕冷而不肯起床练功。可是岳飞躺在床上却在想，若少年不努力，将来用什么去报效国家？于是他马上起来，穿衣提剑，迎着寒风走出屋子。屋外狂风夹着碎雪直往岳飞衣领里落，可岳飞依然迎风斗雪，挥剑起舞。早在一边观察的师父周侗大是欣慰，觉得岳飞将来必定是国家栋梁。

于是，他走到岳飞身后。岳飞练完了一路剑法，停下来擦汗，一扭身，才发现师父站在身后。

“师父您早！”岳飞彬彬有礼地向师父鞠了一躬。

“来，孩子，我再教你几套剑法。”

周侗一边说一边从岳飞手中接过剑道：“这是我祖传的剑法绝招，叫‘巧女穿针’，你要仔细看，认真学！”

周侗说完，持剑起舞。周侗舞完之后按剑停下，用手轻轻地抚了一把长长的银须，把剑交给了岳飞。岳飞天性聪明，加上平时他刻苦操练，基本功十分扎实，所以看了一遍便能大致模仿出来。周侗见岳飞悟性很高，心里非常高兴。接着，又接连教了岳飞几套不外传的绝招。一套剑法舞完，天已大亮，刚刚起床的师兄弟们心中有愧，一个个都红着脸、低着头走到师父面前。周侗厉声教训他们几个："你们几个应该好好向岳飞学习，少壮不努力，老大徒伤悲！"

"我们今后再也不偷懒了，我们要向岳飞学习，勤学苦练，学好武艺将来报效国家。"张显、汤怀、王贵不约而同地回答。

当时，宋朝的统治者昏庸腐败，又不重视边防，北方的女真族乘机南侵。他们建立了金国，抢占了中原的大片土地。宋朝的京都原来在汴梁，后来由于金人的侵略，不得不迁到杭州。老百姓在战乱中受尽了苦难。岳飞为了收复国土，拯救百姓，毅然从军杀敌。1139 年，南宋宣布宋金议和并达成协议，岳飞多次上书反对，却无济于事。金国不久就撕毁了协议，开始大举进攻南宋，宋高宗这才被迫允许岳飞北伐。岳飞热血沸腾，率领岳家军连战连捷。但宋高宗一心想议和，不断催他退兵，接连发了 12 道撤兵金牌，岳飞只得痛心地班师回朝，叹道："十年之功，废于一旦！社稷江山，难以中兴。"言罢不禁泪流满面。

回到临安后，宋高宗和秦桧就剥夺了岳飞的军权，把他关进大牢，以莫须有的罪名将他毒死在风波亭。

——文天祥

辛苦遭逢起一经，干戈寥落四周星。山河破碎风飘絮，身世浮沉雨打萍。惶恐滩头说惶恐，零丁洋里叹零丁。人生自古谁无死，留取丹心照汗青。

——《过零丁洋》

字　号：字宋瑞、履善，号文山
生卒年：1236 年—1283 年
出生地：吉州吉水（今属江西）
品　质：爱国、宁死不屈

文天祥 1236 年 5 月 2 日出生于吉州的一个官宦家庭，他所处的南宋末期，朝政极端腐朽黑暗，已经岌岌可危。文天祥从小就喜欢读书，景仰历史上的爱国志士，父亲也经常给他讲历史故事和国政时事，这些都在他幼小的心灵里播下了爱国的种子。到南宋末年，文天祥已是朝廷重臣，在危难之中，他虽然想力挽狂澜，却无力回天，但他仍是一位宁死不屈、英勇善战的忠贞刚烈之士。

文天祥 1256 年入临安（今杭州）考中进士第一名。第二年，年仅 21 岁的他参加殿试，考取了状元。在“御试策”中，他表现出了同情人民疾苦、革除弊政、变革强国的政治抱负。此时正值蒙古贵族向南宋发起大举进攻，朝廷上下大都不想抵抗，宦官董宋臣更是主张迁都逃跑。文天祥大胆上书，驳斥董宋臣的主张，并提出政治、军事上的改革方案，最后虽未迁都，但是文天祥的主张也没有被采纳。

“臣心一片磁针石，不指南方不肯休。”文天祥就如磁针指南，对南宋王朝忠贞不渝

1274 年，元朝开始发动声势浩大的灭亡宋朝的战争，南宋危在旦夕。1275 年，文天祥在赣州变卖家产作为军饷，组织起一支三万多人的军队，来到临安“勤王”。当时，4岁的赵㬎（即恭帝）在位，临朝的谢太后决心投降。文天祥不但反对无效，还被任命为右丞相兼枢密使，到元营进行谈判。他在元军的大营和元丞相伯颜谈判，大义凛然，毫不畏惧，坚持要求元军退兵。元军当即将文天祥扣留下来，要把他带到北方。船走到镇江的时候，他逃脱了虎口。虽颠沛流离、几经生死，但他始终不忘报国之志。

后来，文天祥不幸战败被俘，投降元朝的张弘范劝说文天祥投降，文天祥写了《过零丁洋》诗作为答复。元朝专横跋扈的宰相阿合马来威逼利诱，文天祥也不为所动。

南宋灭亡以后，张弘范又来劝文天祥投降，文天祥将他痛斥一番。到了元朝的大都以后，南宋的前丞相留梦炎和被封为瀛国公的宋恭帝，先后前来劝降，都碰了一鼻子灰回去了。在这之后的三年里，他一直被关在阴暗潮湿的监狱中。在此期间，他受到了威逼利诱，百般的折磨，但他那高尚的爱国气节始终不渝。1283年1月8日，元世祖忽必烈召见文天祥，进行最后一次劝降。文天祥回答说：“我是大宋的宰相，宋朝灭亡，我只能是死，不能苟活。”第二天，文天祥慷慨就义，时年47岁。

文天祥遗著有《文山先生全集》。诗歌中有许多动人的作品，如《指南录》《指南后录》《吟啸集》《过零丁洋》《正气歌》等，这些诗记录了他后期的种种生活经历，表现了强烈的民族气节。

——戚继光

南北驱驰报主情，江花边月笑平生；一年三百六十日，多是横戈马上行。

——《马上作》

字　号：字元敬，号南塘，晚号孟诸
生卒年：1528 年—1587 年
出生地：山东登州
品　质：身先士卒

戚继光 1528 年出生于山东济宁，他的父亲为使儿子能成为一代将才，从小就教戚继光练武，并常常向戚继光讲祖逖“闻鸡起舞”的故事，希望戚继光向祖逖学习，苦练本领，将来报效国家。每天天刚亮，父亲就把戚继光叫醒，教戚继光练剑。为锻炼耐力，父亲每天让戚继光跑十几里路。为锻炼臂力，父亲让戚继光练习举石锁。在父亲的教诲下，戚继光健康成长，十五六岁时，他在各方面的成绩已相当突出，武艺十分了得。他能在飞驰的马上弯弓搭箭，射中目标；他力气很大，能单手举起石锁。

戚继光天资聪颖，而且酷爱读书，尤其是历史书。他十分佩服孙膑、管仲、诸葛亮、岳飞等军事家，立志要成为像他们那样的人。

戚继光武艺卓越，且学业上也有很大成就。他不仅熟读四书五经，还阅读了《武经七书》和许多古代名将传记。在父亲的言传身教下，戚继光从小就具备了良好的品质：有强烈的进取心，能吃苦耐劳，立志做一个报效国家、血战沙场的将领。

有一次，家中正在修理大门，年幼的戚继光走上去，摸着新门上面精致的雕花，特别喜欢。工匠们就逗他说："小公子啊，那门好不好看?""好看!"那你怎么不让你父亲多安几扇，别人家一般都安十二扇，多气派!公子家这么有钱，怎么能只安四扇呢?"

戚继光听了，连忙跑去将这一番说辞告诉父亲。戚继光的父亲听了他的话后，觉得不能让孩子从小就爱慕虚荣。他看了戚继光几眼，严肃地说："孩子，我们是将门世家，应以国家事业为重。国家危难时，咱们必须首先冲上去，不能有丝毫的犹豫。如果从小就爱慕虚荣、讲排场，会消磨斗志。咱们戚家人都是忠臣良将，不能出势利小人。"戚继光听了父亲的教诲，认真地点了点头，把父亲的话牢牢地记在心间。

嘉靖三十四年（1555年），戚继光任浙江参将，抵御倭寇。他招募义乌的农民、矿工等共四千余人，编成军队。这支队伍训练严格，纪律严明，屡次击退倭寇的进攻，被当地百姓称为"戚家军"。

倭寇不断侵扰浙江沿海一带，戚继光率领戚家军转战各地，倭寇受到了毁灭性的打击。戚家军基本上消灭了东南沿海的倭患。他也因此成为我国历史上著名的抗倭将领。

戚继光戎马一生，江南塞北，转战千里，直到年近花甲才告老还乡。他为祖国的海疆安宁奋斗了终身，是深受人民尊敬和爱戴的民族英雄。浙江、福建一带至今还保留着大量有关戚继光和戚家军的遗迹。他们那些英勇杀敌的故事，至今还在人民群众中广为流传。

——郑成功

开辟荆榛逐荷夷，十年始克复先基。田横尚有三千客，茹苦间关不忍离。

——《复台》

字　号：本名森，字大木

生卒年：1624 年—1662 年

出生地：福建南安

品　质：精忠报国、不畏艰险

郑成功是我国历史上著名的民族英雄，是在实际战争中锻炼成长出来的军事家。父亲郑芝龙是往返于中国和日本之间的富商，后归顺清朝。郑成功少年时代，正值明王朝土崩瓦解、国事混乱的时期。郑成功在老师的教育下从小就立志要做一个不畏艰险、精忠爱国的人。

郑成功天资聪颖，涉猎广泛，8 岁时就会背诵四书五经，10 岁时能写八股文。12 岁时，老师以“洒扫应对进退”为题命他作文，他在文章中写道：“汤武之征诛，一洒扫也；尧舜之揖让，一进退应对也。”文章意境开阔、新奇，令老师感叹不已，大赞郑成功是“天下奇才”。

郑成功学习非常刻苦，有一次，父亲郑芝龙乘大船在五马江上游览。郑成功独自坐在一个角落里潜心读书。郑芝龙见郑成功这样刻苦地学习，非常高兴，也想借机考考他，便对郑成功说：“我出个对子，你对对看。”郑成功说：“请父亲出上联。”“你看对面那只舢板，尽管渔民拼命摇橹，可还是没我们快，所以我认为‘两舟并行，橹速不如帆快’，你对下联吧。”郑芝龙的这个上联语带双关，表面上在说“橹”“帆”，实际上“橹速”是隐喻孙权的谋士鲁肃，“帆快”是隐喻刘邦的参将樊哙，其本意是说“文官不如武官”。要找到两个历史人物，又要利用谐音，实在太难了。但郑成功才思敏捷，很快就想出来了，便对道：“八音齐奏，笛清难比箫和。”语音刚落，满座叫绝。他的“笛清”暗指宋仁宗驾下大元帅狄青，“萧和”暗指协助刘邦治国平天下的丞相萧何，其意是“武将难比文官”。这样巧妙的应对足见他的才识。

崇祯十一年（1638 年），郑成功 15 岁，考取南安县学，中秀才。

崇祯十七年，郑成功21岁，又以第一名的成绩考入南京国子监。

1661年，郑成功率领战船数百艘，将士数万人，从金门挥师东进，经澎湖于台湾禾寮港及鹿耳门登陆。在台湾人民的支援下，浴血奋战了8个月，赶走了荷兰殖民者，捍卫了国家领土的完整。在他的领导下，台湾也得到了进一步的开发。郑成功为中华民族的统一大业立下了赫赫功勋，赢得了全国人民的赞颂和爱戴，被尊为伟大的民族英雄。

台湾收复后，郑成功运用政治力量，组织建设台湾。可是正当他要大展宏图之际，病魔缠住了他。1662年6月23日，开创伟业的一代英雄与世长辞，年仅39岁。

——林则徐

天险设虎门，大炮森相向。海口虽通商，当关资上将。唇亡恐齿寒，闽安孰保障？

——《五虎门观海》

字　号：字少穆

生卒年：1785 年—1850 年

出生地：福建侯官县

品　质：刻苦努力、正派刚直

1785 年，林则徐出生于福建侯官县（今福州市）一个下层封建知识分子家庭，父亲以教书为生。他的母亲和姐妹们则制作一些手工剪纸来贴补家用。林则徐的父亲在科举入仕的道路上苦苦奋斗，却屡试不中，耗尽了精力，不得已便把希望全部寄托在了儿子身上。

林则徐 4 岁那年，其父林宾日就开始对他进行启蒙教育，教他口头跟读；7 岁时，教他作文；直到 12 岁，林则徐一直跟随父亲就读于文笔书院。

父亲对林则徐特别严厉，每天都要陪林则徐读书。一直到深夜灯油燃尽方可休息。

少年林则徐文才出众，被誉为“神童”。有一次，老师带着学童们游玩彭山顶峰，出“山”“海”二字，叫学童们各做一对七字联句。当其他学童还在冥思苦想时，林则徐第一个吟出：“海到无边天作岸，山登绝顶我为峰。”从此，林则徐“以童年擅文名”，在家乡广为流传。林则徐的“擅文”，不仅得益于父亲的培养引导，更是凭借自己的刻苦努力换来的。

1796 年，12 岁的林则徐岁试中佾

生，应郡试第一。第二年参加科试，中秀才，即入鳌峰书院读书。他的应试之作《仁亲以为宝》是一篇华丽的八股文，当时被人们大为推崇，收入《制义丛话》十七卷中。

少年林则徐家庭生活比较清苦。为了读书，林则徐“每典衣以购之”。有一段时间，他还在闽县衙门内兼做知县房某的书廪（抄写员），以其所得补贴读书费用。

林则徐的父母是“视人之急犹己家，虽至贫再三。疾病死葬，靡不竭力解推，忘乎其为屡空也”的人。他儿时亲眼看到父亲把米送给贫穷如洗的三伯父，自己和母亲却忍饥挨饿，父亲还告诉他说：“汝伯父来，不得言未举火。”

父母的言行举止，对林则徐产生了潜移默化的影响。使他后来在官场上能注意了解民间疾苦，作风正派、刚直，保持着不屑与贪官污吏为伍的傲骨，从而成为一位廉正、清明的好官。

早年的读书生涯，是林则徐从幼稚走向成熟的一个重要阶段。父母师长的教诲，书院学风的熏陶，使林则徐从小就喜欢读有关民生疾苦的书，不断汲取古代文化中的思想精华，树立了救国济世的志向。

道光十八年（1838年），林则徐被任命为钦差大臣，到广东查禁鸦片。林则徐与邓廷桢同心协力，下令英国领事依律交出烟土，查缴英美等国烟土二万多箱，共计一百多万千克。林则徐下令将这些烟土在虎门

焚烧，前后烧了近四十多天才烧光。

1840 年，英国政府对我国悍然发动了鸦片战争，林则徐坐镇虎门，准备迎敌，通知沿海各省加强海防。他号召："如英夷兵船一进内河，许以人人持刀痛杀。"斗志昂扬的广州人民在林则徐的领导下，迅速投入打击侵略者的战斗中，但由于清王朝的腐败无能，侵略军于 1842 年闯进长江，直逼南京。清朝统治者苟且偷安，屈膝求和，同英国签订了中国历史上第一个不平等条约——《南京条约》。

鸦片战争失败了，清王朝毫无道理地归罪于林则徐，将他充军到新疆。三年之后，林则徐被赦，被委任以陕西巡抚、云贵总督等职。1850 年，66 岁的林则徐在去广西赴任的途中，溘然长逝。人们将永远怀念这位我国近代史上著名的爱国者和民族英雄。

——蔡锷

苍苍云树直参天，万水千山拜眼前。环顾中原谁是主？从容骑马上峰巅。

——《赋岳麓山》

字　号：字松坡

生卒年：1882 年—1916 年

出生地：湖南部阳

品　质：聪明刻苦、思想进步、勇于革命、拥护民主

1882 年，蔡锷出生于湖南邵阳的一个清贫的农民家庭。他自幼聪颖，沉静刻苦，7 岁开始读书，14 岁中秀才。1898 年考入长沙时务学堂，与梁启超结下了师生关系。

1900 年，蔡锷参加了将在汉口发动的自立军起义，后因事情败露，起义未成，只好流亡日本。在日本，蔡锷决心投笔从戎，进入成城学校和陆军学校学习军事。1904 年，蔡锷以优异的成绩毕业回国。

蔡锷回国后，曾在江西、湖南军事学堂任教，后调入广西任新军总参谋长、标统、协统等职，对训练新式军队极有心得。1911 年，他调任云南新军第十九镇三十七协协统。蔡锷虽不是同盟会成员，但暗中与同盟会保持着联系，对革命极为支持。

1911 年 10 月 10 日，武昌起义爆发。云南革命党人积极行动，酝酿响应，先后召开四次秘密会议，研究起义的准备工作及行动计划。蔡锷参加了这几次会议并被推选为起义军临时总司令。10 月 30 日，蔡锷按预定计划，率军在城北校场和城南巫家坝发动起义。经过一天的浴血奋战，起义军攻上了昆明市的制高点五华山，占领总督府，起义获得成功。11 月 1 日，云南军政府成立，一致推选蔡锷为都督。

辛亥革命后第四年，袁世凯大搞复辟，恢复帝制。袁世凯的倒行逆施，给蔡锷很大震动，革命方向转向反袁。这个时候，袁世凯对蔡锷也十分警惕，不久宣他来北京，实际上要对他实行软禁。蔡锷表面上整天花天酒地、寻欢作乐，暗中却一直寻找时机，终于化装逃离北京，转道日本，回到昆明。他进入云南前，云南已酝酿着反袁运动，只因唐继尧

态度动摇不定，未能立即行动。蔡锷到后，联合各派力量，促唐反袁。

1916 年 1 月，蔡锷率领护国军第一军主力，由昆明出发相继攻占了叙州、泸州一带。二三月间，护国军在装备不足、给养缺乏的情况下，与数倍于己的北洋军激战于泸州之南。这是中国内战史上著名的一次恶战，纳溪三次易手，叙州得而复失。在护国军处境十分困难之时，广西宣布独立，蔡锷抓住有利时机，于 3 月 17 日发动总反攻，连占江安、南溪等地，重夺纳溪，直插北洋军第七师师长张敬尧的大本营泸州，迫使他请求停战议和。袁世凯众叛亲离，被迫于 1916 年 3 月 22 日宣布取消帝制，6 月 6 日便一病而亡。袁世凯死后，蔡锷被人们誉为“护国英雄”。

1916 年 11 月 8 日，蔡锷不幸病逝于日本，终年 34 岁。遗著编为《蔡松坡集》。

各界精英篇

他们是社会各界的精英，他们是时代和命运的宠儿。他们的成功经验告诉我们：在通往胜利的道路上，我们每一个人要做的，就是脚踏实地，一步一个脚印地走向成功。

——李冰

“创科学治水之先例，建华夏文明之瑰宝”

——江泽民

字　号：不详

生卒年：不详

出生地：山西运城

品　质：聪明机智、不畏艰苦、崇尚科学、反对迷信，为民造福

李冰是都江堰的设计者和工程兴建的组织者，战国时期杰出的水利工程专家。秦昭王五十一年（公元前256年），李冰被任命为蜀郡守。他到任后看到了当地严重的自然灾情，就着手进行大规模的治水工作，设计并组织兴建了都江堰。整个工程是由分水堰、飞沙堰和宝瓶口三个主要工程组成的，具备防洪、灌溉、航运三种功能，充分体现了李冰和劳动人民的智慧，是世界水利工程史上的奇迹。

李冰和他的儿子李二郎首先对岷江两岸的地势进行了实地考察，制定了治理岷江的合理方案，开始了兴建都江堰的工程。他先是在岷江的上游打开了一个20米宽的口子，叫它“宝瓶口”，让岷江分出一条支流向东流去，一来可以减少岷江的水量；二来可以灌溉岷江以东的土地。在岷江南岸剩下一堆孤立的岩石，形状就好像是大石堆，这就是后人所说的“离堆”。在江心，采取构筑分水堰的办法，把江水分为两支，让其中的一支流进宝瓶口。为了完成在江心的建筑，他另辟新路，

吩咐竹工们编成长10米、宽0.7米的大竹笼，里面装满鹅卵石，一个一个地沉入江底，筑成了分水大堤。这样，岷江水被分成东西两股，西面的叫作外江，是岷江的正流；东面的叫作内江，是灌溉渠系的总干渠。渠道的头上就是宝瓶口，江水在经过这个地方的时候再分成许多河道，组成一个纵横交错的扇形水网，灌溉面积非常大。飞沙堰高度适中，具有分洪和减少宝瓶口泥沙的功能。从此，岷江水开始为民所用。

李冰作为都江堰的设计者，千百年来一直受到四川人民的崇敬，被尊称为“川主”。

——蔡伦

“它们（四大发明）改变了世界上事物的全部面貌和状态，又从而产生了无数的变化；看来没有一个帝国，没有一个宗教，没有一个显赫人物，对人类事业曾经比这些发明施展过更大的威力和影响。”

——弗兰西斯·培根

字　号：字敬仲

生卒年：？—公元 121 年

出生地：桂阳

品　质：聪明睿智、爱好广泛、勤于思考

蔡伦年轻时就对造纸极感兴趣，曾经用破旧的废物，如破渔网、麻头、旧布等糅合在一起，做过多次加工试验，但都不是很成功。

他认真总结西汉以来用麻质纤维造纸的经验，经过长期实践，对造纸原料和造纸工艺进行了改进。他把树皮、麻头、破布和旧渔网等作为造纸的原料，这不仅扩大了原料的来源，还降低了造纸的成本。在传统流程的基础上，增加了用石灰进行碱液蒸煮的工序，使植物纤维分解速度加快、分布得更加均匀、细致，经过切断、捣碎、沤煮、化浆、定型、风干等一整套工艺流程，纸张的质量大大提高，书写起来极为方便。

公元 105 年，因造纸有功，蔡伦被封为龙亭侯。于是，植物纤维造纸开始代替竹简、丝帛，成为广泛使用的书写材料，蔡伦也因此被后世奉为造纸业祖师。

经过蔡伦改革之后，造纸业开始成为一个独立的手工行业，在全国各地发展起来。后来，蔡伦的造纸术陆续传到朝鲜、越南、日本、阿拉伯以及非洲和欧洲，到19世纪又传到澳洲，逐渐被世界普遍接受。

蔡伦因在造纸方面的巨大贡献不仅被中国的造纸工人奉为造纸鼻祖，还被日本等国的造纸工人尊为祖师，历代供奉。我国大部分的产纸地区，都有为祭祀蔡伦而建造的庙宇。每年的农历三月十六日是蔡伦的祭祀纪念日。

蔡伦发明的纸和造纸术，具有划时代的伟大意义，为人类文明与进步作出了巨大的贡献。它充分显示了中华民族古老悠久的历史和灿烂辉煌的古代科技成就，是中华民族的骄傲。

——李时珍

“予窥其人，晬然貌也，癯然身也，津津然谈议也，真北斗以南一人。”

——王世贞

字　号：字东璧，号濒湖

生卒年：1518 年—1593 年

出生地：蕲州

品　质：热爱自然、热爱医药

李时珍于 1518 年出生在蕲州，是我国明朝卓越的药物学家，也是当时世界上最伟大的科学家之一。

李时珍自幼跟父亲上山采药，帮着加工药材，受到了潜移默化的影响。李时珍长大后成了一名医生，在医疗实践中，对历代医药书籍，如《神农本草经》《本草经集注》《唐本草》《开宝本草》等进行了广泛的阅读研究。他发现旧“本草”非但不完善，甚至还有很多错误，李时珍便立志要把旧的药书加以整理补充，写一部分类更加详细的药物学著作。为此，李时珍阅读了历代药书三百多部，还研究了古医书引用过的医药书共 591 部。

1552 年，李时珍开始编写《本草纲目》。编纂一本规模宏大的药物学著作，光有理论知识是远远不够的，最使他感到茫然的是许多药物的形状和生长情况在古人的书籍里往往模糊不清，有的甚至互相矛盾。经过一番深思熟虑，李时珍决定深入民间，采制标本，进行实物考察。

李时珍纪念币

1565 年以后，李时珍的足迹踏遍了蕲州一带的山山水水。为了采制有价值的标本，彻底弄清楚古人所述的各类药物，订误辨疑，李时

珍登山梁，下河谷，踏原野，去水乡，足迹遍布湖广、江西、江苏、安徽等省。

经过大半生的艰苦耕耘，1578 年，在李时珍 61 岁时，《本草纲目》终于编写成功。《本草纲目》共 52 卷，一百九十余万字。全书把药分作 16 部 62 类，记载药物 1893 种。此外，载入药方 11 096 个，并附有动植物图 1 110 幅。这部书规模宏大，内容丰富，涉及范围广博，是古代任何一部“本草”书所望尘莫及的。

——哥伦布

“我自年轻的时候出海以来，至今还不曾离开海上的生活。这种职业，似乎使所有干这一行的人，都产生了一种想知道世界奥秘的心情。”

——哥伦布

姓　名：克里斯托弗·哥伦布

生卒年：约 1451 年—1506 年

出生地：意大利热那亚

品　质：意志坚强

哥伦布约于 1451 年 8 月出生于意大利热那亚市的一个织匠家庭。虽然家里很穷，父亲仍勉强供哥伦布到学校念书，但后来终因家境贫穷而被迫辍学，此后，他便自修地理、海洋、天文方面的知识。

哥伦布自幼酷爱航海冒险，15 岁就跟随货船在地中海上航行。《马可·波罗游记》中对富庶东方的描述令他神往，找寻传说中遍地是黄金、白银和香料的中国和印度，成为哥伦布心底的梦想。

1492 年 8 月 3 日，哥伦布率领由三艘船组成的舰队从西班牙的巴罗斯港出发，开始了人类历史上首次横渡大西洋的壮举。进入大西洋陌生的海域后，舰队一直向西航行，三十多天后到达现在美洲的巴哈马群岛。哥伦布以为自己到达了印度，就把发现的岛屿称为西印度群岛，并把当地的居民叫作印第安人，意即印度人。12 月 25 日圣诞节那天，旗舰“圣玛丽亚”号在海地岛北岸触礁沉没，除 39 人自愿留在岛上建立纳维达德据点外，哥伦布率领其他人分乘两只小船回国。1493 年 3 月 15 日，哥伦布在经

西印度群岛风光

过240天的远航探险后，回到了巴罗斯港，消息轰动了西班牙乃至整个欧洲。1493年5月29日，西班牙国王颁布命令，授予哥伦布贵族头衔，并且颁发了授衔证书。

此后，哥伦布又分别于1493年、1498年、1502年进行了三次远航，但这三次航行都只是不断地扩大对美洲大陆的探索范围，而始终没能找到印度和中国。在完成第四次航行回到西班牙后不久，哥伦布就身染重病，卧床不起，于1506年5月20日病逝于巴利亚多利德。

——麦哲伦

我自己是凡人，我只要求凡人的幸福。

——麦哲伦

姓　名：费迪南·麦哲伦

生卒年：1480 年—1521 年

出生地：葡萄牙

品　质：沉着、坚定、百折不挠

麦哲伦 1480 年出生于葡萄牙的一个破落骑士家庭。16 岁时，他进入了葡萄牙国家航海事务厅，从而熟悉了航海事务的各项工作。东方的财富和远洋探险的荣誉极大地吸引了麦哲伦，他积极要求参加远征队，终于在 1505 年获得了参加海外远征队的机会，从此开始了他的远洋探航事业。

此后，麦哲伦便开始在印度和东南亚一带进行探索和游历，经过实地考察，他了解到在东南亚的摩鹿加群岛的东面是一片汪洋大海。他坚信地球是圆的，并猜测在这片大海的东面，肯定是哥伦布发现的美洲大陆。为此，他下决心要作一次环球探航。1518 年，西班牙国王查理一世与麦哲伦签署了远洋探航协定。1519 年 9 月，麦哲伦率领一支由 265 人和 5 艘船只组成的船队，从西班牙圣罗卡港口出发，开始了环球远洋探航。

经过两个多月的海洋漂泊，船队越过大西洋来到巴西海岸，稍作休整后，又沿海岸向南继续航行，但是到 1520 年 10 月，船队一直没有找到海峡。几次探索海峡的失败使多数海员都已灰心丧气，三个船长也开始反对麦哲伦，麦哲伦设法安抚了众人的情绪，从而避免了探航半途而废的结局。1520 年 10 月 21 日，船队航行到南纬 520°处又发现了一个海峡口，经过一系列探索，终于在 11 月 28 日走出海峡西口，见到了浩瀚无边的“大南海”。欧洲人花了二十多年所要寻找的地方终于被麦哲伦找到了，于是，后人把他发现的海峡命名为“麦哲伦海峡”。

1521 年 3 月，船队来到了菲律宾群岛。麦哲伦以征服者的姿态参与了当地的部族冲突，在一次战斗中被杀。

——南丁格尔

人生欲求安全，当有五要：一是清洁空气，二是澄清饮水，三是流通沟渠，四是洒扫屋子，五是日光充足。

——南丁格尔

姓　名：弗罗伦斯·南丁格尔

生卒年：1820年—1910年

出生地：意大利佛罗伦萨

品　质：助人为乐

1820年5月12日，南丁格尔出生于意大利佛罗伦萨一个旅居意大利的英国商人家里。她把毕生的精力全部贡献给了护理事业，成为世人所仰慕的白衣天使的化身。

南丁格尔从小家庭条件优越，而且接受了良好的教育。她的父母为人慈善，常常帮助穷人。在父母的熏陶下，南丁格尔从小就产生了要为穷人、病人服务的思想。后来，渐渐长大的南丁格尔开始思索一些社会问题。

1851年8月，南丁格尔到知识妇女疗养所任监督职位。她只在开塞威特受过三个月的实际训练，但是，她曾经参观过许多医院，也读过不少医疗卫生方面的书籍，对于医院的改革很有心得。她提出了许多革命性的建议，如为病人装设紧急呼唤铃，用升降机运送病人的食物等。

1853年，克里米亚战争爆发。南丁格尔主动要求奔赴前线去照料伤员，陆军部队勉强同意让她负责护理工作。她以满腔的热情，大胆地进行了各种改革。她们每天工作近20个小时，用了短短10天时间，医

院的状况便焕然一新，伤员的死亡率也由原来的42%下降到2%。

1856年，克里米亚战争结束。英国政府把她当作英雄，准备了隆重的欢迎仪式，迎接克里米亚归来的天使、军人的大恩人——弗罗伦斯·南丁格尔。可是南丁格尔却对这份荣誉表现得很平静，她不想兴师动众，便巧妙而委婉地回避欢迎仪式，自己改了个名字，悄悄地回家了。

1860年，她用公众捐赠的南丁格尔基金在伦敦泰晤士河边的圣·托马斯医院创办了“南丁格尔护士学校”，这是世界上第一所正式的护士学校。正是由于南丁格尔的功绩和影响，1869年红十字会在日内瓦成立。人们在每年的5月12日都会举行纪念活动来怀念这位伟大的“白衣天使”。

——海伦·凯勒

有时我想，要是人们把活着的每一天都看作生命的最后一天该有多好啊！这就可能显出生命的价值。

——海伦·凯勒

姓　名：海伦·凯勒
生卒年：1880 年—1968 年
出生地：美国亚拉巴马州
品　质：坚强、乐观

海伦·凯勒于 1880 年出生于美国亚拉巴马州的小镇塔斯康比亚。

海伦 1 岁半时，由于一场持续的高烧使她变成了聋盲人。1887 年 3 月 3 日，家人为她请来一位教师——安妮·莎莉文小姐，她就像一位光明的天使降临到她原本黯淡的生活中。

安妮·莎莉文本人的一生也充满了悲惨的遭遇，她格外同情、理解海伦，下定决心要帮助海伦，安妮·莎莉文小姐认为像海伦·凯勒这样的孩子是能够正常发音的。于是，海伦 10 岁时她就教海伦练习说话。海伦反复练习，当她能说出完整句子的时候，感到又惊奇又快乐！

1894 年夏天，海伦被送到纽约赫马森聋人学校上学，这里需要学的东西很多：数学、自然、法语、德语。没过几个月，她便可以自如地用德语交谈；不到一年，她便读完了德文版《威廉·泰尔》；后来她还掌握了法语。

海伦 20 岁的时候，学识已相当出众。这一年，哈佛大学女子学院以特殊的方式安排她进行入学考试。海伦的各科考试终于全部通过，她从此开始了自己的大学生活，而她的安妮·莎莉文老师始终陪伴在她的左右。

海伦喜爱文学，阅读面甚广，大学二年级时，她的一位英文教授发现了海伦的写作天赋，便建议海伦把自己的见闻写出来发表。于是，海伦的第一部处女作《我生活的故事》问世了，这部自传性质的作品真实感人，文笔生动形象，在美国引起强烈反响，海伦也因此赢得了全世界的尊敬。

海伦凭借自己的坚强意志和强烈的求知欲，创造了一个又一个奇迹。1904 年 6 月，她以优异的成绩从哈佛大学拉德克利夫学院毕业，成为世界上第一个完成大学教育的聋盲人。1906 年，她被任命为马萨诸塞州盲人委员会主席，开始了她第一个为盲人服务的具体社会性工作。美国盲人基金会就是在海伦多方努力和参与下创建起来的。

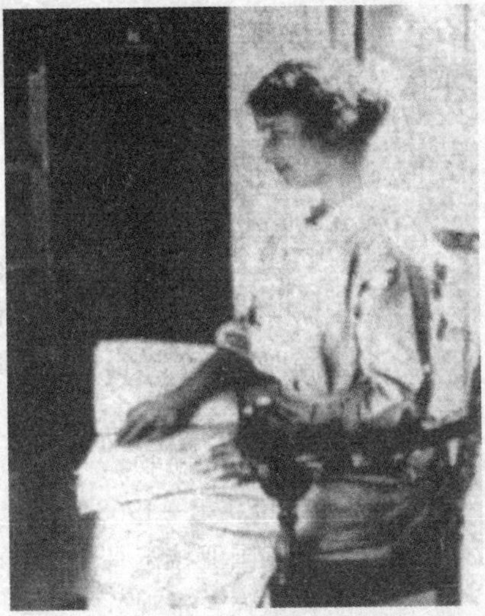

正在阅读中的海伦·凯勒

海伦善于思考与写作，一生完成了诸多对世界产生广泛影响的著作，如《乐观》《走出黑暗》《我的信仰》《海伦·凯勒日记》等等。她曾在自己的文章《假如给我三天光明》中这样写道："我要把别人眼睛所看见的光明当作我的太阳，把别人耳朵听见的音乐当作我的交响乐，把别人嘴角的微笑当作我的幸福。"其孤绝的旷世之美，征服了全世界的读者。

海伦·凯勒的人生是奉献、成功和苦难的。她去世后，《华盛顿邮报》写道："她的一生不愧是我们这个时代最伟大的辉煌之一，她的辞世是整个世界的损失。"

——加加林

加加林是人类第一位进入太空的地球人，是世界上最好的航天员，苏联英雄。

——苏联媒体报道

姓　名：尤里·加加林
生卒年：1934年—1968年
出生地：苏联斯摩棱斯克
品　质：刻苦好学

加加林，人类历史上第一个遨游太空的宇航员，他实现了人类千百年来的飞天梦想。

1961年4月12日，“东方1号”宇宙飞船载着他围绕地球完成了一次完整的轨道飞行。在这次长达108分钟的航行中，他飞越了40 000千米。自此，加加林便名扬四海，并成为划时代的英雄。

加加林生于1934年，童年是在斯摩棱斯克区的克鲁什纳村度过的，后来，他们举家迁到了格扎茨克小城。年轻的加加林在繁重的工作之余，依然每天坚持去夜校学习，并且在毕业后以优异的成绩考取了伏尔加河流域萨拉托夫的一所中等技工学校。

加加林的飞行员生涯是从萨拉托夫开始的。他加入了萨拉托夫航空俱乐部，后来又进了航空学校，成为一名出色的空军飞行员。

1960年，经过极严格的“超级选拔”，加加林被送往莫斯科接受特种训练。他坚定的爱国情操、对飞行成功的坚定信念、良好的体质、乐观主义精神、随机应变的思维能力，使他成为唯一一名首次航天的航天员。

1961年4月12日，莫斯科时间9时7分，加加林驾驶着“东方1号”飞船从拜科努尔发射场起飞，以1小时48分钟的时间绕地球飞行1圈后安全返回，降落在萨拉托夫州斯梅洛夫卡村地区。加加林的成功使他两天后被授予“苏联英雄”的称号。

飞行完成之后，加加林又进入茹科夫斯基航空工程学院学习，并出色地完成了毕业设计，于是学院推荐他到高等军事学院研究生院当函

授生。

正当加加林对未来充满信心的时候，灾难发生了。1968 年 3 月 27 日，他在一次普通的飞行训练中因飞机失事遇难。当时，加加林年仅 34 岁，但他作为苏联时期划时代的俄罗斯人民的民族英雄，将以人类征服太空首位尝试者的身份而名垂史册。

——贝利

好好地爱那些爱你的人，他们属于你，你也属于他们。

——贝利

姓　名：埃德森·阿兰蒂斯·多·纳西门托

生卒年：1940 年—

出生地：巴西

品　质：勤奋刻苦、不畏辛苦、具有极高的足球天分

贝利——巴西乃至世界足球的标志性人物，是 20 世纪最伟大的足球运动员之一，曾倾倒了无数因足球而疯狂的人们。球迷们因贝利而痴狂，为贝利而骄傲！

1940 年 10 月 23 日，贝利出生于巴西特雷斯·科拉索斯的一个偏僻小镇的一户贫寒人家。贝利的父亲在该镇一个小型体育俱乐部的职业足球队踢球，收入极其微薄。

贝利 7 岁时便以擦皮鞋谋生。他的足球生涯是从光着脚开始的，他很多年都不知道“穿着鞋踢球是什么滋味”。靠着家人、教练和队友的帮助，凭着天才和勤奋，加上他见东西就想踢一脚的执着，还有听到国歌声时那超出常人的情感，贝利成功了，成了至今无人能敌的世界球王。但辉煌的背后有多少辛酸和磨难谁都无法想象！

在严父的细心调教下，年轻的贝利终于入选于桑托斯队，开始走上职业球员之路。当他第一次穿上为自己缝制的长裤要远离家门的时候，充满幻想的小贝利对父亲说：“我赚到的第一笔钱要给你，请你帮母亲买幢房子！”

挂靴后的贝利涉足了政坛。1995 年 1 月 1 日，贝利宣誓就任由巴西新总统任命的体育部长职务。这一年的国家预算分配给体育部的经费已达 2 350 万美元，这比 1994 年已翻了将近一番，但是却仍然是巴西内阁各部中最“穷”的一个部门。

贝利运用他的个人威望以及同私人企业的合作来增加发展体育运动

的经费。根据巴西法律，体育部的预算来自国家兴办的彩票收入。贝利为巴西职业足球的后备人才培养而不懈努力着。

1997 年 11 月 27 日，贝利被评选为最伟大的足球运动员。这一结果使贝利成为第一批被列入国际足球名人堂中的重要一员。

——乔丹

我可以接受失败，但我决不放弃。

——乔丹

姓　名：迈克尔·乔丹

生卒年：1963 年—

出生地：美国纽约布鲁克林

品　质：沉着冷静、球艺高超且富有团队合作精神

篮球飞人迈克尔·乔丹作为美国体育的象征，谱写了美国体育史上最惊人的神话，他的球技征服了每一个热爱篮球的人。

1963 年 2 月 17 日，迈克尔·乔丹出生在纽约布鲁克林的一家天主教院。上小学后，乔丹很快成为小学篮球队的主力。1979 年，年仅 16 岁的乔丹参加著名的“明星夏令营”比赛，夏令营比赛结束时，他被评为“最有价值球员”。后来，学校的足球队、田径队、棒球队都曾拉他加盟，而他把一切机会都视为是向命运的挑战，各种各样的训练使他具有了超人的身体素质。

1982 年，乔丹考入北卡罗来纳大学，刚成年的迈克尔已经是美国大学生篮球队的大明星了，就在这一年，他随队一举夺得全美大学生篮球联赛 NCAA 冠军。

1984 年第 23 届奥运会在美国洛杉矶举行，刚满 20 岁的乔丹当选美国男篮主力队员，并出任队长。在比赛中，乔丹平均每场比赛得 17.7 分。这一年，国际篮联《篮球》杂志评选的世界最佳球员中的第一位，就是迈克尔·乔丹。奥运会后乔丹和芝加哥公牛队签约，从此进入了 NBA，开始了其传奇的体育运动生涯。

在乔丹之前，人们形容篮球天才的杰出表演，总不外乎用跑、跳、盖、投等词来形容，而在乔丹来到篮球场后，人们才想起了另一个词——飞。乔丹的弹跳之高、腾越距离之远、滞空时间之长，尤其是在空中避开封堵、纵身扣篮之绝，使他拥有了“飞人”的称号。乔丹最著名的一次“飞行”是在洛杉矶奥运会上，他在一次比赛中带球突破，刚过中线，便连跨三步，腾空、飞行，最后扣球入篮。据测量，他的“飞行”距离长达 9 米。

科学家篇

科学的发展经历了太多的艰难与挫折，人类科学的每一点进步都需要科学家们付出百倍的心血与汗水。当人们充分享受着现代科技发展的成果时，我们应该重温一下科学家们那些艰苦探索的历程和那些灵感与智慧碰撞的火花。

——张衡

不患位之不尊，而患德之不崇；不耻禄之不伙，而耻智之不博。

——张衡

字　号：字平子

生卒年：公元78年—公元139年

出生地：南阳西鄂（今河南南阳县石桥镇）

品　质：天资聪明、艰苦奋斗、善于钻研

公元78年，张衡出生于南阳郡西鄂县一个比较清苦的官宦家庭。环境的艰苦和生活的艰难激发了他奋发向上的斗志，他天资聪明，勤奋好学，不分酷暑严寒发愤读书，熟读了儒家经典之作。十六七岁时张衡开始到外地游学，“游于三辅，因入京师，观太学，遂通五经，贯六艺”，终成一代科学伟人。

张衡最杰出的成就是在天文方面，他继承和发展了浑天说，撰写了两部重要的天文学著作《灵宪》和《浑天仪图注》，在论著中他首次提出宇宙无限的观点，阐述了天地的形成、结构和日月星辰的运动本质，对月亮的盈缺和月食作出了科学的解释。公元117年，张衡根据浑天说制成了世界上最早使用水力转动的浑天仪。这是世界上第一架能够比较准确地观测天象的浑天仪，是划时代的伟大创造，他的发明推动了中国天文事业的发展。据《晋书·天文志》记载，将浑天仪放在暗室中叫人按时间记录它的运转情况，同时叫人在天文台上观测天象，两相对照，什么时候出现什么星，竟然完全相符。

在地震学上，张衡发明了世界上第一台地震仪——候风地动仪，这是张衡在浑天仪之外的另一个不朽的创造。地动仪全由青铜铸成，直径近3米，像一个大酒坛。周围铸有8条龙，头下尾上，按照东、南、西、北、东南、东北、西南、西北的方向排列着。龙头和仪器内部的机关相连，每条龙嘴里都含着一颗钢球。一旦发生地震，都柱就会向发生地震的方向倾斜，并触动通道中的牙机，而冲着那个方向的龙头，就会张开嘴巴，吐出钢球，落在下面的蟾蜍嘴中，发出声响。据此，人们就可以知道地震的时间和方位了。公元138年，张衡利用地动仪准确地测出在距洛阳千里外的陇西地区发生的地震，证实了地动仪的科学性。

地动仪比欧洲人发明的地震仪早了一千七百多年，在人类地震学史上具有重大意义。

在气象领域，张衡还发明了类似于国外风信鸡的气象仪器——候风仪，比西方的风信鸡要早一千多年。

在其他领域张衡都颇有建树，他发明过指南车、会飞的木雕、水力推动的活动日晷等机械仪器；写过一部数学专著《算罔论》，还计算出了圆周率是3.1622，在一千八百多年前，能有这样精密的计算，着实让人惊叹；张衡还研究过地理学，他绘制的地图流传了几百年；他还是东汉六大画家之一；在文学领域，他创作的《二京赋》，在形式和内容上把汉大赋推向了一个高峰，被誉为"长编之极轨"，在中国文学史上占有重要地位。

郭沫若先生曾经这样评价张衡："如此全面发展之人物，在世界史中亦所罕见。""万祀千龄，令人敬仰。"张衡不愧为中华民族古代科技发展的杰出代表。

——沈括

专心致意，毕力于其事而后可

——沈括

字　号：字存中

生卒年：1031 年—1097 年

出生地：杭州钱塘（今浙江杭州）

品　质：勤奋好学、打破砂锅问到底

沈括出生于浙江钱塘的一个封建官宦家庭。1063 年考中进士后，他被推荐到昭文阁编辑校对书籍，开始对天文、历算进行研究。这期间，沈括写成了《南郊式》，对朝廷祭祀天地的郊祭典礼进行了修改和简化，他的主张很快就被采用。他还被提升为太史令兼司天监，负责掌管图书资料、天文历法。后来又升任太常丞，掌管礼乐。

博学多才的沈括堪称中国古代科学的坐标。他在天文、地理、数学、物理、化学、生物、医药、水利、文学、音乐甚至军事方面，都取得了令人叹为观止的卓越成就，他将中国的科学技术水平推向了新的高峰。他发明了隙积法，成为垛积术的创始人；沈括在世界上第一次发现了地磁偏角；他总结的指南针装置方法，为人类的航海事业提供了前提条件；他编制的《十二气历》为后世的历法改革提供了新的理念；他的地质学理论和研究方法，至今仍被科学工作者广泛使用。

沈括不仅是一个科学家，他还是王安石变法的积极拥护者和参加者。他赞成王安石的“富国强兵”主张，并利用科学手段帮助改革派实施农田水利法。

沈括还是一个出色的外交家和军事家，在北宋与契丹的边界争端上，沈括和契丹丞相一共进行了 6 次会谈，最后凯旋而归，不但维护了北宋的领土完整，也震慑了契丹，使契丹从此不敢再轻视宋朝；1081 年，西夏大举进犯北宋边境，沈括率领大军迎敌，大败西夏 70 000 大军。

1088 年，56 岁的沈括辞官归隐，回到润州梦溪园，集中精力创作《梦溪笔谈》。《梦溪笔谈》是宋朝科技史的资料库，是宋代劳动人民科学成果的结晶，也是世界科技史中一份宝贵的遗产。1097 年，沈括在家中病逝，享年 66 岁。

——徐光启

《几何原本》故举世无一人不当学……窃意百年之后，必人人习之。

——徐光启

字　号：字子先

生卒年：1562 年—1633 年

出生地：松江府上海县（今上海市）

品　质：善于钻研

徐光启于 1562 年 4 月 24 日出生在松江府一个贫农家庭。徐光启自幼聪敏好学，热爱农业劳动，胸怀大志。他 7 岁到龙华寺的村学读书，由于刻苦勤奋，成绩总是名列前茅。徐光启 20 岁时考取秀才。万历三十二年（1604 年）徐光启高中进士，崇祯五年（1632 年）升任礼部尚书兼东阁大学士，崇祯六年兼任文渊阁大学士。

徐光启是中国明代伟大的科学家，他在天文学、数学、农业科学、机械制造等方面都取得了很高成就。堪称中西文化交流的桥梁，中国近代科学的先驱。

徐光启是一位杰出的农学家，他结合自己的实际经验，对古今中外农业生产和农学研究的得失利弊，进行了全面总结，撰写了农学巨著《农政全书》，内容丰富，是代表中国古代农业科学发展最高水平的百科全书。

徐光启还曾向意大利传教士利玛窦学习天文、数学、水利等科学知识。之后，两人合作翻译了欧几里得的名著《几何原本》。《几何原本》后来成为清末全国中学的教材，影响巨大。另外，他还撰写了《读书算》《九章算法》《定法平方算术》等。徐光启振兴和发展了中国的传统数学，他所取得的数学成就为我

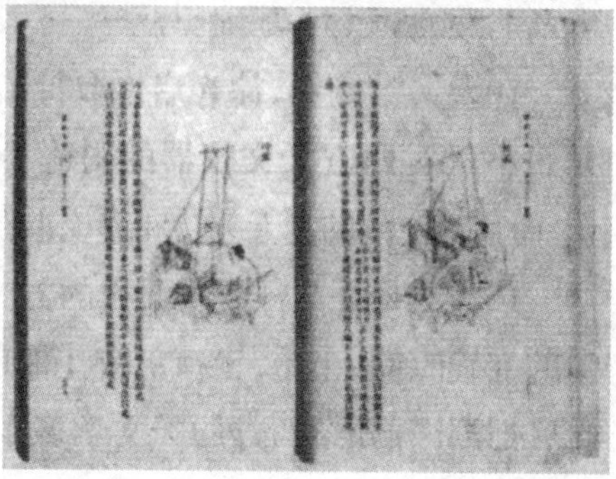

国近代数学体系的建立打下了基础。

在天文学方面，徐光启也取得了一定的成就。徐光启不仅对西方天文仪器的构造、原理有充分的认识，而且对西方的测天方法和理论也有深入的研究。

徐光启结识利玛窦，使东西方文化得到了更广泛的交流

1629 年，徐光启运用西方的方法，推测出日食发生的准确时间，于是，崇祯皇帝让他负责修改历法。徐光启把翻译、介绍西方的天文学著作当作修改历法的第一个必要步骤，他自己积极参与编译的著作有《测天约说》《测量全义》等。徐光启还精心设计了历书的结构，成为《崇祯历书》编写工作的纲领。为了使新历法更加科学准确，徐光启多次组织人员进行天文观测，获取了大量准确的第一手科学资料。他根据实际观测结果，绘制了一幅星图，这是当时最完备、最精确的星图，也是中国目前所知最早的包括南极天区的全天星图。

1633 年，徐光启病逝。1635 年，《崇祯历书》全部修订完毕。这部历书虽然不是由徐光启最后完成的，但他对新历的贡献却是无人能及的。《崇祯历书》不仅是对传统天文学的总结，而且吸收了大量西方天文学的先进成果，是中外学者共同努力的结晶。它的问世使中国天文学发生了深刻的变革，并从此走上了与世界天文学并轨的道路。

——詹天佑

各出所学，各尽所知，使国家富强不受外侮，足以自立于地球之上。

——詹天佑

字　号：字达朝，号眷诚

生卒年：1861年—1919年

出生地：广东南海

品　质：善于思考、热爱祖国

1861年，詹天佑出生于广东南海的一个没落茶商家庭。1872年，詹天佑报考“幼童出洋预备班”并被录取，成为清政府第一批公费留学生，并于当年9月到达美国。

在异国他乡的求学生涯中，他不但学会了独立生活，更学会了独立思考。1875年詹天佑考入高级中学，1878年毕业时，他的成绩名列全班之首和全校第二，成为幼童留学生中的佼佼者。1878年，詹天佑考入著名的耶鲁大学雪菲尔理工学院，主攻土木工程。他学习刻苦，各科成绩优秀。1881年，获得了学士学位，是全部幼童留学生中获得学位的仅有的两人之一。同年8月，詹天佑归国，从此开始了他的科学报国之路。

詹天佑回国后，被派到福州船政局学习驾驶海船。他潜心学习驾船技术，1882年以第一名的成绩毕业，同年11月被分到了“扬武”号军舰上实习。1884年6月，法国军舰侵犯福建沿海；8月，在马尾海战中，福建海军几乎全军覆没。詹天佑也参加了这次海战，他在“扬武”号军舰上，沉着还击，直到“扬武”号被击沉，才跳下水去，在逃生过程中他还救起了许多落水的人。

1887年，中国铁路公司在天津成立，詹天佑被聘为工程师。他第一次参加修建的铁路是塘沽到天津的铁路。在修建的过程中，詹天佑显示出他非凡的才能。

1902年10月到1903年2月，詹天佑负责建成了京汉铁路高碑店至易县梁格庄长45千米的西陵支线，这是第一条完全由中国人自主主持修建的铁路。

1905 年到 1909 年，詹天佑又成功主持修建了中国铁道史上第一条由中国人独自设计施工的重要铁路——京张铁路。京张铁路总长不过 200 千米，但沿途横跨崇山峻岭，施工极其艰难。当时国内外冷嘲热讽道："能修出这条铁路的中国工程师还没出世呢！""中国人想不靠外国人自己修铁路，就算不是梦想，至少也得 50 年！"詹天佑听后非常气愤，决定用创造性的行动给予其针锋相对的回击。詹天佑克服了重重困难，终于提前两年胜利竣工，节省了许多人力和物力，也创造了铁路史上的奇迹。

1909 年 4 月，京张铁路正式通车。京张铁路的建成，不仅为詹天佑赢得了世界声誉，更为整个中国工程技术界在世界上取得了相应的地位。当时，有人把京张铁路与万里长城并列为中国伟大的工程，称颂为"祖龙望而夺气"。

詹天佑从 1887 年—1919 年，主持修建了津塘、西陵支线、沪宁、川汉等铁路工程，足迹遍布长城内外、大江南北。

1919 年，詹天佑因积劳成疾不幸病逝。中国工程师学会基于他在铁路建设上的突出贡献，特地在青龙桥建立了一尊铜像，来纪念这位杰出的爱国铁路工程师。

——华罗庚

下棋要找高手，弄斧必到班门。

——华罗庚

姓　名：华罗庚

生卒年：1910年—1985年

出生地：江苏金坛

品　质：天资聪慧、刻苦好学、坚强乐观

1910年11月12日，华罗庚出生于江苏金坛县的一个小商人家庭。华罗庚自幼听话孝顺，学习认真，他天资聪慧，最喜欢数学。但因家境贫困，他中学毕业后就回家当了店员，他后来所取得的一切成就都是靠自学得来的。

1929年，金坛县发生瘟疫，华罗庚染上了可怕的伤寒病，持续高烧昏迷不醒。由于缺乏医学常识，他在卧床期间没有经常翻身，造成左腿关节变形，留下了残疾。面对这一不幸，华罗庚仍十分乐观。华罗庚走路时左腿先画一个大圆圈，右腿再跨一小步，行走十分吃力，他幽默地戏称自己这种奇特而费力的步履为“圆周与切线的运动”。他顽强地与命运抗争，激励自己道：“我要用健全的头脑，代替不健全的双腿！”

19岁那年，华罗庚凭着自学的数学功底写出了著名论文《苏家驹之代数的五次方程式解法不能成立之理由》。这篇论文很快刊登在《科学》杂志第15卷第2期上。清华大学数学系主任熊庆来教授看到这篇论文后如获至宝，立即四处询问作者的身份经历，写信邀他来清华大学数学系深造。1932年秋天，华罗庚在熊庆来教授的关照下当上了数学系的助理员。1936年，他被保送到英国剑桥大学进修，先后在美、日等国数学杂志上发表了十几篇有关数论方面的论文，引起了国际数学界的高度关注。

1938年，华罗庚回国。此时正值抗日战争期间，华罗庚去西南联合大学任教授，住在昆明郊区的一个村庄里。条件非常艰苦，但华罗庚刻苦钻研，写出了名著《堆垒素数论》。1944年，《堆垒素数论》英文版由苏联国家科学院出版，成为20世纪经典数论著作之一。

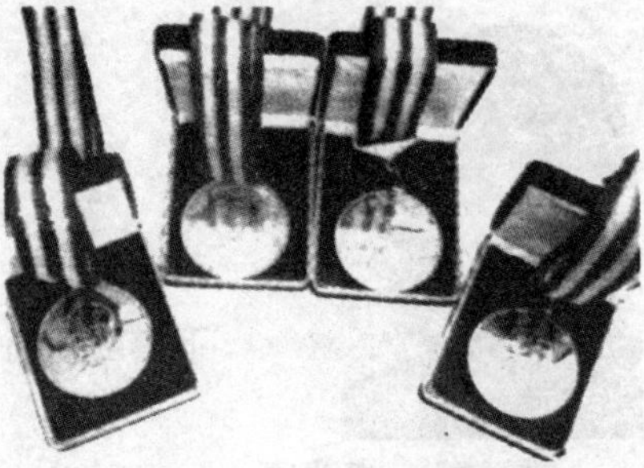
印有华罗庚头像的数学奖章

1946年，华罗庚赴美国，担任普林斯顿数学研究所研究员、普林斯顿大学和伊利诺伊大学教授。在美期间，他的待遇很高，有小洋楼和汽车。但他常说：“粱园虽好，非久居之乡！”一听到新中国成立的消息，他毅然回到了祖国的怀抱。

1951年，他被任命为中国科学院数学研究所所长。在社会主义祖国，华罗庚开始了他数学研究的真正黄金时期。1956年，华罗庚的重要论文《典型域上的调和分析》，荣获中科院第一批科学奖金一等奖。随后，他的《数论导引》问世。这部倾注了他多年心血的巨著，引起了国内外数学界的强烈震动。

在经济困难时期，他筛选出以改进工艺问题的数学方法为内容的“优选法”和以处理生产组织管理问题为内容的“统筹法”。1964年，华罗庚给毛泽东写信，建议在生产实践中推广两法，以便提高管理水平和效率。毛泽东回信称赞他的想法为“壮志凌云，可喜可贺”。

1984年，华罗庚以全票当选为美国科学院外籍院士。

1985年，华罗庚在日本东京作学术报告时，因心脏病突发，不幸去世，享年75岁。

——钱学森

不要失去信心，只要坚持不懈，就终会有成果的。

——钱学森

姓　名：钱学森

生卒年：1911 年—2009 年

出生地：上海

品　质：天资聪慧、刻苦钻研、坚持不懈、热爱祖国

钱学森于 1911 年 12 月 11 日出生在上海一个知识分子家庭。3 岁时随家人迁居北京，自幼天资聪慧，后来进入北京师大附中学习。少年钱学森喜欢自然科学、音乐、绘画，学习成绩优异，于 1931 年考入了上海交通大学。

在上海交大期间，钱学森刻苦攻读。对待学问一丝不苟。1934 年，钱学森从上海交大毕业，远赴美国留学。第二年，他就读于麻省理工学院航天系，仅用一年就获得了硕士学位。

1936 年，钱学森进入加州理工学院学习，师从世界力学大师冯·卡门。三年后他获得了航空、数学博士学位并留校任教，从事应用力学和火箭导弹研究。其间，在应用力学领域，他与冯·卡门合作，对飞机金属薄壳结构非线性理论进行研究，解决了薄壳结构理论的重大难题；在空气动力学领域，他对发展与高速航空器相关的空气流动理论研究方面贡献突出；他还是物理力学这一学科的创始人。1946 年他首先将稀薄气体的化学、物理和力学特性结合起来进行研究。到 1949 年，钱学森已成为世界公认的物理学界权威之一。

新中国成立之际，在美国的钱学森希望回到祖国贡献自己的力量。当时美国国内正掀起一阵反共反华恶浪，钱学森被关在昏暗的单人牢房里，经受着精神上的巨大折磨。经加州理工学院朋友们的多方努力，两周后他们以重金将钱学森保释出狱。出狱后，钱学森的工作、生活也处处受到限制和监视，他与家人都曾受到多次折磨和迫害。但是，钱学森并没有因此被吓倒，反而更坚定了回国的决心。

1955年，钱学森终于冲破美国当局的重重阻挠，回到了祖国的怀抱。

1956年，钱学森向政府提出《建立我国国防航空工业意见书》，并担任国防部第五研究院院长。在他的指导和参与下，1960年我国成功发射了第一枚仿制火箭，1964年我国第一枚自行设计的中近程火箭飞行试验取得成功。1965年钱学森建议制订人造卫星的研制计划被列入国家的重点任务，最终使我国第一颗人造卫星于1970年升入太空。钱学森也因此被誉为“中国航空之父”和“火箭之王”。

钱学森对中国共产党有着深厚的感情。曾多次将自己的稿费全数作为党费上交。

钱学森为我国的火箭事业奋斗终生

1991年，钱学森被国务院、中央军委授予“国家杰出贡献科学家”荣誉称号。

1994年，钱学森成为中国工程院院士。1998年成为中国科学院和中国工程院两院的资深院士。

1999年，中共中央、国务院、中央军委授予他“两弹一星功勋奖章”。钱学森是我国著名的核物理学家，为中国的航天事业作出了重大的贡献。

——袁隆平

我毕生的追求就是让所有人远离饥饿。

——袁隆平

姓　名：袁隆平

生卒年：1930 年—2021 年

出生地：北京

品　质：兴趣广泛、热爱大自然、善于钻研

袁隆平 1930 年 9 月 7 日生于北京。自幼兴趣广泛，喜爱音乐、体育。他在重庆度过了中学时代，中学毕业后考入西南农学院农学系。1953 年，袁隆平被分配到湖南安江农校教书。20 世纪 60 年代初期，中国正处于严重的困难时期。粮食产量不高，再加上天灾不断，使人民忍饥挨饿。这一切深深地刺痛了袁隆平的心，他下定决心，从事人工杂交水稻的研究，以便生产出更多的粮食，解决人民的温饱问题。

1960 年 7 月的一天，袁隆平像往常一样来到校园外的早稻试验田观察，偶然间发现了一株特殊的稻子：它共有十余穗，每穗有 160 粒—170 粒。第二年，他将这独特的种子播到试验田里，结果分离变异现象十分严重，原有的优势没有发挥出来。他马上想到孟德尔的遗传理论，顿悟到：那是一株“天然杂交稻”！袁隆平因此更加坚定了进行杂交水稻研究的信念。当时，杂交水稻研究是世界上公认的难题，并且全世界都流传着“水稻是自花授粉作物，不良基因早已被淘汰，既然自交不退化，那么杂交就没有优势”的观点。但袁隆平并没有在困难面前退缩。袁隆平利用水稻的不育性，培育出不育系、保持系和恢复系，通过“三系配套”，代替人工雌雄杂交，产生大量的杂交种子和新一代种子。

夏季骄阳似火，袁隆平头顶烈日，脚踩烂泥，手拿放大镜，在稻田里寻找水稻雄性不育植株。直到第十四天，他才发现第一株雄蕊退化的水稻不育株。在 9 个月的时间里，他前后检查了一万四千余个稻穗，找到了 6 株雄性不育株，并对它们的杂交第一代和第二代进行了研究。

然而，1966 年开始的“文化大革命”运动，给袁隆平的科研带来了阻碍。水稻试验秧苗全被砸烂，但袁隆平并未因此而气馁，而是和助手南至广东、广西，西到云南不断地进行繁殖育种试验。1970 年 1 月他在云南元江县搞试验时，遇上大地震，连续在外露天住宿达 3 个月之久。

在党和国家的高度重视下，1975 年，由袁隆平任技术总顾问的杂交水稻试验第一次获得成功，为 1976 年在全国大面积试种推广杂交水稻培育了大量的种植种子。

杂交水稻的研究成功，引起了国际上的瞩目，有关杂交水稻的研究在国际上开始兴起。

1979 年 4 月，在菲律宾首都马尼拉举行的国际水稻科研会议上，袁隆平面对着二十多个国家的水稻育种专家，用英语侃侃而谈，大讲水稻的种植经验。与会者大多是国际知名专家，对这位黑瘦的中国人开始时有些怀疑并不予以重视，但听了袁隆平的论文和即席答辩后，他们深深地被袁隆平折服了。

从此，“杂交水稻之父——袁隆平”的名字响彻全球。

在鲜花、掌声、荣誉中，袁隆平依然保持着他质朴的科学工作者本色

——阿基米德

给我一个支点，我就能撬动地球。

——阿基米德

姓　名：阿基米德

生卒年：公元前 287 年—前 212 年

出生地：古希腊叙拉古城

品　质：热爱祖国

公元前 287 年，阿基米德出生于叙拉古城的一个并不富裕的贵族家庭，父亲是天文学家兼数学家。由于父亲的影响，阿基米德从小就热爱学习，善于思考和辩论，对数学、天文学、古希腊几何学都兴趣浓厚。阿基米德天资聪颖，勤奋好学，很快就把家里的藏书读完了，于是他就到当地的其他学者家中借阅。刚满 11 岁时，借助与王室的关系，他被送到埃及的亚历山大里亚城学习。

阿基米德在许多科学领域都获得了巨大的成就。在数学领域，阿基米德使用“穷竭法”求得了抛物线弓形、螺线、圆形的面积和体积，以及椭圆体、抛物面体等复杂几何体的体积，被公认为微积分计算的鼻祖。在力学领域，阿基米德的成就主要集中在静力学和流体静力学方面。在研究机械的过程中，他发现了杠杆原理。在研究浮体的过程中，他又发现了浮力定律，也就是有名的阿基米德定律。另外，他第一个提出重心的概念并确定了若干几何图形的重心位置。在天文学领域，阿基米德认为地球是圆球状的，并围绕着太阳旋转，这比哥白尼的“日心说”要早

人类对浮力的利用

1 800 年。

阿基米德又是一个伟大的爱国者，当罗马军队入侵叙拉古城时，他指导同胞制造了很多武器，如用于远距离投掷的投石机、能将敌船提起扔出的铁爪式起重机，以及利用聚光原理使敌船燃烧的大凹镜。在这些武器的帮助下，罗马人被阻长达三年之久，直到公元前 212 年，由于守城居民的大意，罗马军队才最终进入叙拉古城。城破之后阿基米德被一名无知的罗马士兵杀死，终年 75 岁。他的遗体被葬在西西里岛，墓碑上刻着一个圆柱内切球的图形，以纪念他在几何学上的卓越贡献。

——哥白尼

人的天职是勇于探索真理。

——哥白尼

姓　名：尼古拉·哥白尼

生卒年：1473 年—1543 年

出生地：托伦城

品　质：聪明刻苦、勤奋好学

尼古拉·哥白尼是波兰伟大的天文学家，太阳中心说的创始人，近代天文学的奠基者。哥白尼也是一位杰出的医生、社会活动家、数学家、经济学家和画家。哥白尼生于波兰托伦城的一个商人家庭，父亲曾是该城市长。

哥白尼 10 岁时，由舅父瓦兹洛德大主教抚养，受到了良好的教育。他少年时代就对天文学有浓厚兴趣，18 岁时，进入克拉科夫大学学习。学校的人文主义者、数学家和天文学家布鲁楚斯基对他的影响很大，哥白尼经常向这位学者请教天文学和数学方面的问题，还学会了用天文仪器观测天象。

哥白尼勤奋好学且多有成就。他精通拉丁文和希腊文，对古代希腊罗马文学也颇有研究；他绘制过埃尔门兰德地区的地图；设计过埃尔门兰德各城市的自来水管道；他也是位出色的数学家，在他的巨著《天体运行论》里发表过他的球面三角论文。

哥白尼离开意大利回波兰时，天空正出现罕见的星象：土星与木星“会合”了。意大利教会宣告天空将连续出现四次土星与木星“会合”的异象，说这是上天对世人的严重警告。这时，哥白尼和他的朋友也在研究两星“会合”问题。哥白尼发现教会的说法存在数据上的

错误，于是他和朋友们决定各自在不同地区进行观测，以便一起来揭露教会的妄说。果然，第四次“会合”的日期比教会所说的提前了一个多月。而这恰恰和哥白尼的推算相符。这一现象证实了哥白尼的推测。

在赫尔斯堡，由于朋友们的不断催促，哥白尼把他的“太阳中心说”写出了一个提纲，取名叫《试论天体运行的假设》，他宣布：“所有的天体都围绕着太阳运转，太阳附近就是宇宙中心的所在。地球本身一天自转一周，一年绕太阳公转一周。”

但由于教会对科学和进步思想的疯狂迫害，哥白尼历经数年写成的《试论天体运行的假设》想要出版却困难重重。

1541 年秋，哥白尼的学生，著名数学家列提克把他的手稿送往纽伦堡出版。列提克也因此遭到教会的迫害，不得不背井离乡。临走之前，他委托牧师奥西安德尔代他出版哥白尼的著作。然而，这位牧师篡改了哥白尼的原意。

1543 年，当这本书印好并送到弗洛恩堡时，哥白尼已生命垂危。他的眼睛已经失明，只用手痉挛地抓住书本摸了摸，就与世长辞了。

哥白尼的成就不仅仅在于他为后人创立了著名学说，重要的是他冲破了世俗教会压制下的人类思想牢笼，从此使真正意义上的科学发现层出不穷……

——伽利略

《圣经》是教人如何进天国，而不是教人知道天体是如何运转的。

——伽利略

姓　名：伽里列奥·伽利略

生卒年：1564 年—1642 年

出生地：意大利比萨城

品　质：聪明好学

伽利略于 1564 年 2 月 15 日出生在意大利西部海岸比萨城的一个没落贵族家庭，从小受到了良好的家庭教育。他的父亲是音乐家，喜欢数学。伽利略深受父亲影响，自幼聪明好问，8 岁时开始上学，功课优异，表现出极强的观察能力与动手能力。

伽利略在 12 岁时，进入佛罗伦萨附近的瓦洛姆布洛萨修道院，接受古典教育。17 岁时，他进入比萨大学学医，同时潜心钻研物理学和数学。他注重实践，善于独立思考，由于家庭经济困难，伽利略没有拿到毕业证书便离开了比萨大学。在艰苦的环境下，他仍坚持科学研究，做了大量实验，并发表了许多有影响力的论文，受到了当时学术界的高度重视，被誉为“当代的阿基米德”。有一次，他注意到教堂里悬挂的长明灯被风吹得一左一右有规律地摆动，他按自己脉搏的跳动来计时，发现它们往复运动的时间总是相等的。就这样他发现了摆的等时性，后来荷兰物理学家惠更斯根据这个原理制成挂摆时钟，人们称之为“伽利略钟”。

伽利略在 25 岁时被比萨大学聘为数学教授。1590 年，伽利略在比萨斜塔公开做了落体实验，验证了亚里士多德的说法是错误的。而伽利略却因此而受到一些著名学者的攻击。1591 年，伽利略被比萨大学解聘。伽

利略离开比萨大学后，于1592年到威尼斯的帕多瓦大学任教，一直到1610年。这一段时期是伽利略从事科学研究的黄金时期。在这里，他在力学、天文学等各方面都取得了累累硕果。

现代的哈勃望远镜

1610年，伽利略把他的著作以通俗读物的形式发表出来，取名为《星际使者》，这本书在威尼斯出版，轰动了当时的欧洲，也为他赢得了崇高的荣誉。人们为此惊呼："哥伦布发现了新大陆，伽利略发现了新宇宙。"

虽然伽利略在佛罗伦萨的宫廷里进行科学研究，但是他的天文发现以及他的天文学著作明显地体现出了哥白尼日心说的观点。因此，伽利略开始引起教会的注意。从1616年开始，伽利略受到罗马宗教裁判所长达二十多年的残酷迫害。

伽利略的晚年生活极其悲惨，照料他的女儿赛丽斯特竟然先于他离开人世。失去爱女的过分悲伤，使伽利略双目失明。即使这样，他依然没有放弃自己的科学研究工作。1636年，伽利略在监禁中偷偷地完成了他一生中另一部伟大的著作——《关于两种新科学的对话》。这部著作从根本上否定了亚里士多德的运动学说。

1642年1月8日凌晨4时，伟大的伽利略——为科学、为真理奋斗一生的战士、科学巨人患热病离开了人世，享年78岁。

——笛卡儿

所有的好书，读起来就像和过去世界上最杰出的人们的谈话。

——笛卡儿

姓　名：勒奈·笛卡儿

生卒年：1596 年—1650 年

品　质：敢于质疑、勇于探索、学识渊博、坚持真理

笛卡儿墓碑上写着“笛卡儿，欧洲文艺复兴以来，第一个为人类争取并保证理性权利的人”。他的才华撼动了科学、数学、哲学界，他的学说自成体系，他也因此深受后辈景仰。

笛卡儿出生于法国土伦省莱耳市的一个贵族之家。在笛卡儿 8 岁时，笛卡儿的父亲便将他送入拉夫勒希的耶稣会学校接受古典教育。

1619 年—1628 年，笛卡儿在欧洲四周游历吸收各类知识。1629 年，他从巴黎移居荷兰，开始了长达 20 年的潜心研究和写作生涯，并先后发表了许多在数学和哲学上有重大影响的论著。

他在 1634 年写了《论世界》，总结了他在哲学、数学和许多自然科学问题上的看法。在 1637 年发表了《几何学》，1641 年出版《形而上学的沉思》，1644 年出版《哲学原理》等。他的著作在生前就遭到教会指责，死后又被梵蒂冈教廷列为禁书。

笛卡儿不仅在哲学领域里开辟了一条新的道路，同时又在物理学、生理学等领域提出许多创见，特别是在数学上创立了解析几何，从而打开了近代数学的大门。

笛卡儿将几何学与代数学有机结合在一起，创立了“解析几何学”，为微积分的创立奠

定了基础。

他在其他科学领域的成就也同样硕果累累：他从理论上推导了折射定律，与荷兰的斯涅耳共同分享发现光的折射定律的荣誉；他对人眼进行了光学分析，设计了矫正视力的透镜；他提出了宇宙间动量总和是常数的观点，创造了动量守恒定律，为能量守恒定律奠定了基础。

1649年，笛卡儿因感冒患上肺炎，不幸于第二年年初病逝。1819年，他的遗骸被移入圣·日耳曼大教堂。

——牛顿

天才是长期劳动的结果。

——牛顿

姓　名：艾萨克·牛顿

生卒年：1643 年—1727 年

出生地：英国林肯郡乌尔斯索普镇

品　质：勤学善思

牛顿于 1643 年 1 月 4 日出生在英国伦敦林肯郡的一个农民家庭。牛顿自幼沉默寡言，性格倔强，少年时代就喜欢动脑筋拆卸小机械，表现出手工制作机械方面的才能。12 岁时，牛顿来到格兰山镇上的金格斯中学，寄宿在克拉克的药店楼上。他用木箱和玻璃瓶做成水钟，控制时间，每天黎明时水钟按时滴水到他的脸上，把他叫醒。

牛顿在中学时代学习成绩并不出众，但他非常爱好读书，对自然现象充满好奇心，喜欢做些小工具、小发明、小实验。一次，他把自己做的小风车带到学校给同学看，却遭到成绩好的同学的挖苦。此后，他下决心好好学习，因此成绩直线上升。1661 年，牛顿以减费生的身份进入剑桥大学三一学院，1665 年获学士学位。一位叫巴罗的学者发现牛顿是个人才，举荐他为研究生，这次机遇把牛顿引向了自然科学的王国。1665 年，伦敦瘟疫流行，剑桥停课，牛顿回到了故乡。

1665 年—1666 年，牛顿认真总结了前人的科学研究方法并加以运用，创立了二项式定理，发明了微积分，用三棱镜把白光分解成七色光并确定了每种颜色光的折射率，他还继承了笛卡儿把地上的力学应用于天体现象的想法来探索行星椭圆轨道问题，试图把苹果落地与月亮绕地球公转联系起来。1667 年牛顿重返剑桥大学，在巴罗教授的指导下继续从事科学研究工作。1669 年，巴罗教授推荐他担任“卢卡斯数学讲座”教授，26 岁的牛顿担任此职一直到 53 岁。1687 年，《自然哲学的数学原理》这一划时代的著作问世，该书以牛顿的三大运动定律和万有引力定律为基础，建立起完美的力学理论体系，说明了当时人们所能理解的一切力学现象，解决了行星运动、落体运动、振子运动、微粒运动、声音和波、潮涨潮落，以及地球的扁圆形状等各式各样的问题。牛顿的学说为唯物主义哲学、文学艺术的健康发展提供了坚实的基础。在以后的两百多年中，再也没有人能补充任何本质上的东西，直到20世纪量子力学和相对论的出现，才使力学的范畴扩大。

1727年3月30日，84岁的牛顿出席皇家学会例会后，突然发病，于3月31日拂晓前与世长辞。他的临终遗言是："我不知道世上的人对我怎样评价。我却这样认为，我好像是在海滨上玩耍的孩子，时而拾到几块晶莹的石子，时而拾到几块美丽的贝壳并为之欢欣。那浩瀚的真理的海洋却仍无限地展现在面前。"

人们不会忘记牛顿在自然科学领域的突出贡献。

——富兰克林

诚实和勤勉，应该成为你永久的伴侣。

——富兰克林

姓　名：本杰明·富兰克林

生卒年：1706 年—1790 年

出生地：美国波士顿

品　质：观察思考能力强

当人们还不知道电是什么时，富兰克林就对它产生了浓厚的兴趣。经过一系列电学实验，他将不同状态下的电称为“正电（+）”和“负电（-）”，提出了电学中的“一流论”，在大气电学等方面揭示了雷电现象的本质，因此他被人们誉为“第二个普罗米修斯”。

富兰克林曾是美洲哲学会的中心人物，一生曾四次担任英国皇家学会理事会理事，也曾获得哈佛大学和耶鲁大学的荣誉硕士学位，以及英国的爱丁堡大学、圣安德鲁大学和牛津大学的博士学位。

富兰克林生活坎坷，幼时家境贫困，一生只在学校读了近两年书，他成就的取得完全是凭借刻苦的自学。12 岁时，他到哥哥詹姆士经营的小印刷所，当了五六年的印刷工人。他利用工作之便，结识了几家书店的学徒，将书店的书在晚间借来，通宵达旦地阅读，第二天清晨归还。

1723 年，富兰克林离开了波士顿，先后在费城和伦敦的印刷厂当工人。1726 年回到费城后，他开始独立经营印刷所，并于 1730 年创办《宾夕法尼亚报》，他亲自撰写文章，内容以艺术、科学为主，每周一期，一直延续了 18 年之久。他还在费城和几个青年创办了“共读社”进行自学。经过一年的努力，在 1731 年他创办了北美的第一个图书馆。该馆在 1743 年改称“美洲哲学会”，1749 年发展成为费拉德尔菲尔学院，以后又改名为宾夕法尼亚大学。1776 年，已经 70 岁的富兰克林出使法国，赢得了法国和欧洲人民对北美独立战争的支援。在他 1785 年回国前夕，路易十六把自己四周嵌满珍珠的肖像赠给他，以表彰他在外交上的杰出成就。

1790 年 4 月 17 日夜里 11 时，富兰克林溘然逝去，享年 84 岁。他生前威名显赫，死后的墓碑上只刻着这样几个字：“印刷工富兰克林。”

——斯蒂芬孙

设计研制成世界上第一台蒸汽机车“旅行”号，被后人誉为“火车之父”。

姓　名：乔治·斯蒂芬孙

生卒年：1781 年—1848 年

出生地：英国诺森伯兰郡

品　质：善于动脑

铁路蒸汽机车发明家乔治·斯蒂芬孙是英国人，1781 年 6 月 9 日生于诺森伯兰郡。他出身贫寒，他的父亲是老式蒸汽抽水机的司炉，母亲是当地一位染工的女儿，两人都不识字，乔治是他们六个孩子中的第二个。由于家境十分穷苦，乔治作为稍大点儿的孩子，很小时就担负起照看弟弟妹妹的责任。8 岁那年，乔治做了他的第一份工作：照看家门前的木制路轨，防止牛走上去，报酬是每天两便士。直到 18 岁，他还是个十足的文盲。生活虽然艰苦，但他却把时间用在机器旁工作、做鞋、修钟表和写作业上。

由于父亲是煤矿技工，后来斯蒂芬孙也进入煤矿担任矿用蒸汽机维修师。1815 年，他研制了煤矿专用的矿灯。

他还试制成功了煤矿用蒸汽机车。这种蒸汽机车能牵引 8 节矿车以 6.5 千米/时的速度将 30 吨煤从矿中拉出。1821 年，斯托克顿·达灵顿铁路修建时，斯蒂芬孙提出用他设计的蒸汽机车作为牵引机车的建议。

这条铁路建成后，1825 年 9 月 27 日，一列由斯蒂芬孙设计的“动力 1 号”蒸汽机车，牵引着满载 550 名乘客的列车，从达灵顿出发，以 24 千米/时的速度驶向斯托克顿，这被认为是人类历史上第一列用蒸汽机车牵引在

铁路上行驶的旅客列车。后来，斯蒂芬孙又负责修建了从利物浦到曼彻斯特的64千米长的铁路，该铁路于1830年9月15日竣工。这条铁路使用斯蒂芬孙和他的儿子R·斯蒂芬孙共同设计的新机车“火箭”号为牵引机车，速度为47千米/时。

铁路的铺建和火车的开通拉动了工业革命时期西欧经济的迅猛发展。斯蒂芬孙对于这些铁路的修建和机动车辆的设计制造作出了卓越的贡献。

斯蒂芬孙于1848年8月12日逝世。

——瓦特

蒸汽机是第一个真正国际性的发明。

——恩格斯

姓　名：詹母斯·瓦特

生卒年：1736 年—1819 年

出生地：英国格里诺克城

品　质：观察思考能力强

瓦特于 1736 年 1 月 19 日出生在苏格兰格林诺克城的一个造船匠家庭。母亲从小教给瓦特语文和数学知识，鼓励他玩各种玩具和小机械，培养他观察思考问题和动手实践的能力。一次，水壶里的水开了，蒸汽把壶盖冲得“啪啪”作响，白雾也从壶嘴里冒了出来。瓦特对此产生了兴趣，便开始寻找壶盖跳动的原因。1757 年，瓦特到格拉斯哥大学当修造教学仪器的工人，他在那里与化学家约瑟夫·布莱克和以后成为物理学教授的约翰·鲁滨孙成为好友，他们三人经常聚在一起，讨论研究改进蒸汽机的问题。瓦特在中学时学到了不少科学理论知识。

1764 年，瓦特受委托修理一台纽可门蒸汽机，他便决心改进它。经过三年多反复试验，瓦特终于在 1768 年制造出真正能够运转的蒸汽机。1769 年，他获得了发明专利权。瓦特发明的新型蒸汽机，采用了一系列改进和发明，它的耗煤量仅为纽可门蒸汽机的 1/4，工作效率却大大提高。

1781 年，瓦特提出五种将往复运动转变成旋转运动的方法，其中最有名的“行星齿轮结构”在后来的工业生产中得到了广泛应用；1782 年，瓦特获得了“双动作蒸汽机”的专利；1784 年，瓦特在他的新专利中又提出了“平行连杆结构”的概念，使蒸汽机具有更广泛的实用性。1788 年，他发明了离心调速器和节气阀；1790 年，他又完成了气缸示功器的发明。至此，瓦特完成了对新型蒸汽机发明的全过程。

瓦特对蒸汽机的发明是第一次工业革命划时代的重大事件。蒸汽机的广泛应用，使人类获得了空前强劲的、可被人类控制的动力资源，对社会经济的跨越发展起了关键作用。1819 年 8 月 25 日，瓦特在家中安然去世，享年 83 岁。后人为了纪念他的伟大发明，把功率计算单位称为“瓦特”。

——法拉第

拼命去取得成功，但不要期望一定会成功。

——法拉第

姓　名：迈克尔·法拉第

生卒年：1791 年—1867 年

出生地：英国纽因顿镇

品　质：勤奋好学

1791 年 9 月 22 日，法拉第出生于英国伦敦的一个铁匠家庭。13 岁时，他便到一家文具店打杂，因为做事认真，很快便成为订书学徒。他有强烈的求知欲，挤出一切休息时间“贪婪”地想把他装订的一切书籍内容都从头到尾读一遍。他对读书有着浓厚的兴趣。因此，他在工作之余，阅读了大量图书。他最感兴趣的是《大英百科全书》里讲的放电现象。于是他也尝试去做试验，并装备起一个简陋的实验室。

1812 年的一天，店里的一位顾客送给法拉第一张皇家学术演讲会的门票，主讲人是当时著名的科学家、伦敦皇家学院的化学教授戴维。在听完戴维的演讲后，法拉第带着听演讲时做的笔记拜见了戴维，请求他给自己一份实验室的工作。到 1860 年前后，法拉第的研究活动结束时，他的实验笔记已达到一万六千多条。他将笔记仔细地依次编号，分订成许多卷，后来编成书分卷出版，其中最著名的就是《电学实验研究》。

根据电磁感应原理制造的发电机

法拉第成就最突出的时期是 1830 年—1839 年，他为现代电学的发现作出了杰出贡献。1831 年年底，在经过 10 年的冥思苦想之后，法拉第正确阐释了电的本质，提出了电磁感应定律，并发明了一种电磁电流发生器，也就是最原始的发电机，从而奠定了未来电力工业的基础。法拉第也是电磁场理论的奠基人。1843年，他证明了电荷守恒定律；次年，他又提出了光的磁场概念；同年，他还发现了物质的顺磁性和抗磁性。1846年，他发表了《关于光振动的想法》一文，最早提出了光的电磁本质的思想。

1867年8月25日，法拉第逝世，享年76岁。亲人按照他的遗愿给他举行了简单的葬礼，这位科学家平静地离开了人世，但他的精神永远留驻在他所热爱的科学事业中。

——达尔文

能够存活下来的不是最强大的物种，也不是最聪明的物种。而是对变化作出最快响应的物种。

——达尔文

姓　名：查理·罗伯特·达尔文

生卒年：1809 年—1882 年

出生地：英国什鲁斯伯里

品　质：善于发现

达尔文于 1809 年 2 月 12 日出生在英国鲁兹巴利镇的一个医生家庭。8 岁时，他进入教会学校读书。他从小就喜欢收集邮票、画片、矿石、钱币等物品，他也热爱大自然，喜欢仔细观察各种动植物并采集标本。9 岁时，他进入文法学校读书，虽然学习成绩平平，但他更专注于自己所喜欢做的事情。

16 岁时，他被父亲送到爱丁堡大学学医，但他对于授课内容并不感兴趣。两年后，他转往剑桥大学学习神学，父亲希望他将来成为一个“尊贵的牧师”。在剑桥的三年里，达尔文与地质学教授塞奇威克和植物学教授亨斯罗结识，这使他更加热心于对自然界的观察和研究，为此他阅读了大量的自然科学书籍，采集了许多昆虫标本，而对神学的学习却没什么进展。当读了洪堡的《南美洲旅行记》和赫胥黎的《自然哲学导言》之后，他便立志要投身于自然科学研究。

1831 年，达尔文大学毕业，经亨斯罗的推荐，他以博物学家的身份参加了英国政府组织的“贝格尔”号军舰的环球考察，从此开始了漫长而又艰苦的环球考察活动。达尔文每到一处都要进行认真的考察研究，采访当地的居民，采集矿物和动植物标本，挖掘生物化石，收集没有记载的新物种，积累了大量资料。在考察过程中，他逐渐萌生了生物进化论的思想。1836 年 10 月，环球考察结束，回到英国后，达尔文集中整理考察日记和采集的标本，同时参与培养动物新种实验和杂交实验，开始为他的生物进化理论寻找根据。

1859 年 11 月，达尔文经过二十多年苦心研究写成的科学巨著《物

种起源》正式出版。它以充分的事实证明了“物种不是不变的”“一切生物都不是特殊的创造物”。在这部书里，他还提出了“进化论”的思想，说明物种是在不断变化之中，实现了由低级到高级、由简单到复杂的演变过程。达尔文列举了大量事实，以自然选择理论阐释了生物进化观点。这部著作第一次把生物学建立在完全科学的基础上，推翻了神创论和物种不变的理论，标志着进化论的正式确立。随后，达尔文又开始写他的第二部巨著《动物和植物在家养下的变异》，进一步阐述了他的进化论观点，提出物种的变异和遗传、生物的生存斗争和自然选择的重要论点。

《物种起源》在学术界和社会上引起了巨大轰动，达尔文也迅速誉满全球。1878年，他被选为法国科学院植物学部通讯院士，同年又被选为柏林科学院的通讯院士。

1882年4月19日，达尔文在家中病逝，享年73岁。达尔文的理论对人类历史的发展产生了巨大影响。

——诺贝尔

生命，那是自然给予人类去雕琢的宝石。

——诺贝尔

姓　名：阿尔弗雷德·诺贝尔

生卒年：1833 年—1896 年

出生地：瑞典斯德哥尔摩

品　质：刻苦努力

阿尔弗雷德·诺贝尔于 1833 年出生在瑞典首都斯德哥尔摩的一个机械师家庭，他自幼体弱多病，且长相丑陋。由于家境贫困，他几乎没有受到过什么正规的学校教育。

1842 年，因他的父亲伊曼纽尔在圣彼得堡开设了一家生产地雷和水雷的工厂，诺贝尔的全家也随之迁往圣彼得堡。诺贝尔虽然年纪小，但学习用功，尤其以外语最为突出，他还对文学产生了浓厚兴趣。后来他不仅写过诗，还写过小说和戏剧。

在 16 岁那年，诺贝尔到法国巴黎求学。随后，他又在父亲的支持下，来到纽约，跟一位工程师学习机械制造及化学知识。诺贝尔回到了圣彼得堡后，开始积极研究威力更强大的火药，以取代父亲发明的水雷。

他了解到意大利的索布雷洛发明的硝化甘油爆炸力很强后，便开始深入研究硝化甘油。这是一项极其危险的研究工作。他也因此险些丧命。诺贝尔为了保证炸药的安全使用，减少意外爆炸事故的发生，他在提高炸药威力的同时，注意提高炸药的安全系数。终于在 1875 年，他发明了明胶炸药，这种炸药不仅威力巨大，而且安全系数也大大提高。因他的杰出贡献，瑞典科学院授予他莱阿斯蒂特奖章。

诺贝尔一生获取的专利多达三百多种，包括防爆锅炉、自动闸，火箭发射法、电话及电池的改良等等，其中最著名的就是炸药。

1895 年 11 月 27 日，他立下了世界上最具影响力的遗嘱：“我献出我的全部财产，以它的利息设立 5 个奖项：物理学奖、化学奖、生理学和医学奖、文学奖、和平奖。上述各奖项希望授予最适当的人，国别不限。”从此，这项超越国籍的诺贝尔奖成为世界上最权威、最具影响力的国际大奖。1896 年 12 月 10 日，诺贝尔逝世，终年 63 岁。

——门捷列夫

天才就是这样，终生努力，便成天才。

——门捷列夫

姓　名：德米特里·伊万诺维奇·门捷列夫

生卒年：1834 年—1907 年

出生地：俄国托博尔斯克市

品　质：坚韧敬业

门捷列夫凭借着发现元素周期律成为近现代化学界的“教父”，他将自然界所有可知元素进行了系统的分类列表，为化学研究的进步贡献了力量。

门捷列夫于 1834 年 2 月 7 日出生在西伯利亚托博尔斯克市。22 岁时的门捷列夫以其刻苦学习的态度、钻研的毅力，以及渊博的知识得到了老师们的赞赏，彼得堡大学破格任命他为化学讲师。1859 年，他获准去德国海德堡实验室进行深造。留德期间门捷列夫参加了在德国卡尔斯鲁厄举行的第一届国际化学家会议。会上各国化学家的发言给门捷列夫以重要启迪。这次会议对于他的化学研究生涯至关重要。

归国后，他对 283 种物质逐个进行分析测定，这使他对许多物质和元素的性质有了更直观的认识。他重新测定了一些元素的原子量，因而对元素的基本特征有了深刻的了解。他紧紧抓住原子量与元素性质之间的关系这一突破口，反复测试和不断思索。他在每张卡片上写出一种元素的名称、原子量、化合物的化学式和主要的性质，在反复排列这些卡片后，终于发现每一行元素的性质都在按原子量的增大，从小到大地逐渐变化。

1882 年，英国皇家学会授

予门捷列夫戴维金质奖章。1889 年，英国化学会授予他最高荣誉——法拉第奖章。

元素周期律的发现在化学发展史上是一个重要的里程碑，它把几百年来关于各种元素的大量知识系统化，形成了一个有内在联系的统一体系，进而使之上升为理论。除此之外门捷列夫还研究了气象学、石油冶炼加工、气体定律、农业化学、无烟火药等，并且在这些领域也有所建树。

1907 年 2 月 2 日，这位俄国历史上最伟大的化学家因心肌梗塞而与世长辞了。

——爱迪生

天才，那就是一分灵感加上九十九分汗水。

——爱迪生

姓　名：托马斯·阿尔瓦·爱迪生

生卒年：1847 年—1931 年

出生地：美国俄亥俄州迈兰镇

品　质：善于思考、探索，坚持不懈

1847 年 2 月 11 日，爱迪生出生在美国俄亥俄州的迈兰镇，他从小就对事物充满着好奇心，对生活中的每一件事情，都喜欢寻根究底。8 岁时，爱迪生在学校里只读了三个月的书，就被老师斥以“低能儿”而撵出了校门。原因是爱迪生经常问一些令老师很为难的问题，比如，2 加 2 为什么会等于 4？他的问题难倒了老师，只好被母亲领回家。

此后，母亲成了爱迪生的老师。12 岁那年，他开始在列车上当报童，并在车上租了一个小房间，买了一台简单的印刷机，自己编写、印刷报纸，然后出售。他因此发了一笔小财，便购买了一些化学用品，开始在火车上的工作室里做实验。有一次化学药品着了火，他的设备被恼怒的列车员全部扔出了窗外，而他本人也因此挨了列车员的耳光，一只耳朵被打聋。15 岁那年，爱迪生在火车道旁救了一个站长的小孩儿，为表示感谢，站长把铁路电报技术教给了他，并推荐他在铁路公司当电报员。

1869 年，爱迪生来到纽约，靠自己娴熟的技术在一家通信所当了一名电报员。不久，他就发明了一种新式电报机。他的这一发明极大地促进了现代电报业的发展，“青年发明家爱迪生”的美名也迅速传遍了全国。1876 年，爱迪生在纽约附近的门罗公园创立了一所大规模的实验工厂。他改进了贝尔发明的电话，并使之投入实际使用；他还先后发明了留声机、电灯、电影放映机等。他的公司在 1903 年摄制了第一部故事片《列车抢劫》。以后，爱迪生又创办了许多商业性公司，这些公司后来合并为爱迪生通用电气公司，后又简称为通用电气公司。他还发明了碱性电池、有声电影，找到了化工新材料——橡胶。从 1869 年到 1910 年的 41 年间，爱迪生一共获得了 1 328 项发明专利。

1931 年 10 月 18 日，爱迪生因病逝世，享年 84 岁。

——居里夫人

我的最高原则：不论遇到什么困难，都决不屈服。

——居里夫人

姓　名：玛丽亚·居里
生卒年：1867 年—1934 年
出生地：波兰华沙
品　质：不畏艰难、意志坚定

1867 年 11 月 7 日，玛丽出生于波兰一个知识分子家庭，她的父亲是中学的数学、物理教师，母亲是女子寄宿学校的校长。在家庭的影响下，她自幼聪明好学，对物理现象有着浓厚的兴趣。

1891 年的冬天，玛丽只身一人踏上了去巴黎的旅途。进入巴黎大学理学院后，这位贫穷的波兰姑娘每天上课都来得很早，总是坐在教室的第一排，全神贯注地倾听教授讲解。下课之后，她除吃饭之外，不是到实验室搞实验，就是到图书馆看书。功夫不负有心人，不久她便成为全班中最优秀的学生，备受老师的重视和同学的尊敬。学成毕业后，玛丽本想回波兰报效祖国。但由于认识了志同道合的法国物理学家皮埃尔·居里，她才决定留下工作。1895 年，玛丽和皮埃尔结婚以后，人们称玛丽为居里夫人。就在这一年，德国科学家伦琴发现了一种能透过固体物质的 X 光射线。第二年，法国物理学家贝克勒又发现铀矿物能放射出一种与 X 光线相似的奇妙的射线。这种奇妙的射线对玛丽来说具有莫大的吸引力，她因此产生了浓厚的兴趣。她认为，这是个绝好的研究课题。于是，便同丈夫皮埃尔在艰苦的条件下开始了认真、细致的研究。

在研究过程中，她发现能放射出那奇怪光线的不但有铀，还有钍，并且贝克勒所发现的光线要比铀放射的光线强得多。因此，她作出了大胆判断：还有一种物质能够放射光线，这种新的物质，只是极少量地存在于矿物之中。居里夫人把它命名为“镭”，因为在拉丁文中，它的原意就是“放射”。

经过三年多的艰苦工作，居里夫妇终于在1902年提炼出0.1克镭，接着她又初步测定了镭的原子量。他们发现这种元素的放射性要比铀强200万倍，因而不用借助任何外力，就会自然发光发热。

镭的发现，引起了科学乃至哲学的巨大变革，为人类探索原子世界的奥秘翻开了崭新的一页。它的发现，开辟了科学世界的新领域，并由此诞生了一门新兴的学科——放射学。1903年11月的一天，英国伦敦皇家学会把该会的最高奖赏——戴维奖章，挂在这对年轻夫妇的胸前。1903年，他们获得了诺贝尔物理学奖。

居里夫人大半生都过着清贫的生活，提取镭的过程也是在简陋的条件下完成的。居里夫妇拒绝为他们的任何发现申请专利，为的就是让每个人都能自由地利用他们的发现。他们把诺贝尔奖金和其他奖金都用到研究上。他们把镭应用于医学，用它来治疗癌症，为医学的进步和人类社会的发展作出了巨大的贡献。1906年4月19日，皮埃尔因车祸逝世，居里夫人忍痛继续研究，1911年，她再次荣获诺贝尔化学奖。

1934年7月4日，原子时代的先驱、镭的“母亲”——居里夫人与世长辞了。但人们永远不会忘记这位镭的“母亲”。

——爱因斯坦

用一个大圆圈代表我所学到的知识，但是圆圈之外是那么多的空白，对我来说就意味着无知。

——爱因斯坦

姓　名：爱因斯坦

生卒年：1879 年—1955 年

出生地：德国

品　质：刻苦勤奋、善于创造、发明

爱因斯坦于 1879 年 3 月 14 日出生在德国南部古老的小城乌尔姆，他的父母都是犹太人。到了四五岁，爱因斯坦还不会说话，有一次，父亲送给他一个指南针，爱因斯坦非常好奇，他注视着指南针，激动得浑身发抖，从此对科学产生了极大的兴趣。爱因斯坦上小学时成绩平平，可他善良、虔诚，做事情一丝不苟，同学们都很喜欢他。当时犹太人在德国受到歧视，不平的待遇给他小小的心里留下了阴影，使他形成了叛逆的性格。10 岁时他进入路德中学学习，他讨厌老师刻板、灌输式的教学方法，只对数学、物理与哲学感兴趣，而这些学科在学校里并不受重视，从此爱因斯坦开始自学高等数学、康德哲学。在老师的眼里他生性孤僻、智力迟钝、不守纪律、心不在焉、想入非非，认为他将一事无成。后来他竟被学校勒令退学。然而谁能想到，就是这样一个不被人看好的孩子，日后成了一位举世闻名的大科学家。

作为科学家，他也有幽默的一面。

一次，一大群学生说笑着，跑来问爱因斯坦什么叫相对论。爱因斯坦回答说："你坐在一个漂亮姑娘旁边，坐了 2 小时，觉得只过了 1 分钟；如果你紧挨着一个火炉，只坐了 1 分钟，却觉得过了 2 小时。这就是相对论。"通过简单而又诙谐的讲解，爱因斯坦既解释了问题，又给学生留下了深刻印象。

1919 年，爱因斯坦的相对论被英国剑桥大学著名天文学教授爱丁顿通过观测日全食而验证。爱因斯坦一夜之间成了世界名人。他在世界各国巡回演讲，成为备受欢迎的巡回大使。在波士顿，有人问他："声音在空气中的传播速度是多大?”爱因斯坦用手托住下巴，直率地说:“很对不起，我不记得了。不过，干吗要去记它呢?随便哪一本物理参考书，都能找到这个数字。”

爱因斯坦像

爱因斯坦在1903年与他的大学同学列娃·玛里奇结婚，但因个性不和，两人在1919年离婚。后来，爱因斯坦又和表姐艾丽莎结婚。艾丽莎是持家能手，熟悉爱因斯坦的脾气和生活习惯，她把家里一切都弄得井井有条，让爱因斯坦过上了温馨舒适的家庭生活。1915年，爱因斯坦发表了广义相对论，并于1916年完成了总结性的论著《广义相对论原理》，此书被称为20世纪理论物理学的巅峰之作。20世纪20年代后期，爱因斯坦集中精力探索统一场理论，并在1929年发表了论文《统一场论》。1933年，他提出能量聚集的新理论，并邀请科学界的精英和记者一起参加他的论坛。

1955年4月18日，这位20世纪最伟大的科学家在睡梦中与世长辞，享年76岁。

——霍金

当你面临着夭折的可能性。你就会意识到。生命是宝贵的。你有大量的事情要做。

——斯蒂芬·威廉·霍金

姓　名：斯蒂芬·威廉·霍金
生卒年：1942 年—2018 年
出生地：英国牛津
品　质：性格坚强，思维敏捷

霍金是被科学界公认的继爱因斯坦之后最伟大的理论物理学家，他的黑洞理论正逐步揭开有关宇宙的许多谜团。

斯蒂芬·威廉·霍金于 1942 年 1 月 8 日出生在英国牛津。早在 8 岁时，他就疾病缠身，行走很不方便。上中学时，他就对物理学产生了特殊的兴趣，觉得它是科学中最基本、最有趣的学科。从此他便决心献身于物理学的研究。

1962 年他在牛津大学获文学学士学位，1966 年他在剑桥大学三一学院获哲学博士。后来他便在剑桥大学牛顿曾供职过的卢卡斯数学研究院任客座教授。

不幸的是，20 世纪 60 年代初期，霍金患上了罕见的肌肉萎缩性侧索硬化症，这是一种不治的退化性疾病。疾病将他困在轮椅上，妨碍了他以直接简便的方式从事写作和计算，他的大部分工作，包括复杂的运算、艰难的数学证明，以及新概念的产生都纯粹是在他大脑中完成的。这对于一个物理学家来讲简直就是奇迹。

命运不断摧残不幸的霍金，到后来霍金全身能动的只有右手的 3 根指头，没有人知道他的 3 根指头什么时候会失灵，也没有人知道他的病什么时候会将他带离人世。身残语塞的霍金才思横溢，以惊人的毅力坚持学习和研究。长期的磨炼，使霍金获得了超乎常人的记忆力。每当他头脑里新的闪光的思想像泉水般涌流时，尽管他不能像健康人那样用笔写下来，但他能凭记忆牢牢捉住它，然后用最精辟的话语表达出来，甚

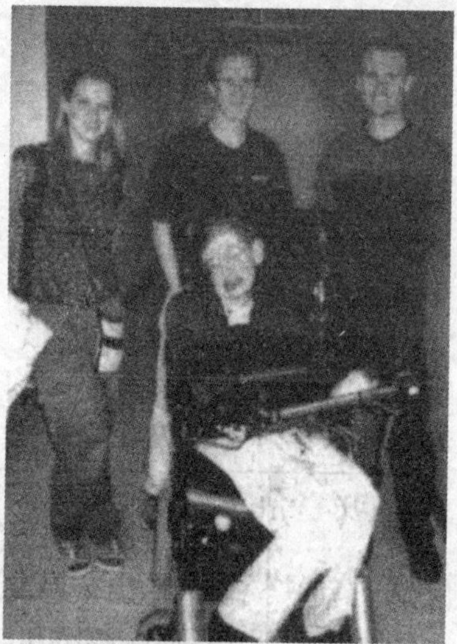

至连最复杂艰深的数学推导，他都能记得一清二楚。

1974年，霍金取得了他最激动人心的成果，这一成果连他自己都感到有点难以置信。他发现黑洞并不“黑”，而在以稳定的速率向外发射粒子，他从数学上反复证实了这个结果，还提出了一个能产生这一效应的物理学上的量子过程。

当时许多人认为，黑洞是处于死亡阶段的恒星，那里的引力大得使任何物质甚至光子都被吸住而跑不出来，因而人们无法直接观测到它的存在。霍金一反这个传统看法，他建立了著名的微型黑洞爆炸理论。据说，在建立这个构思宏伟、见地独到的新理论时，霍金经常沉思默想、茶饭不思，连女儿出世也无暇顾及，虽然他身在轮椅里，思想却无时无刻不在广袤无垠的宇宙中驰骋。

霍金的微型黑洞爆炸理论，对黑洞物理学的发展有巨大的推动作用，它改变了人们对宇宙的看法，为人们提供了解决宇宙源于何时这一难题的线索。它的发表，立即轰动了科学界，霍金随之名声大震，他被誉为当今世界上继爱因斯坦之后最杰出的理论物理学家。

霍金是上天赠给人类最美好的礼物，他却承受着人类最为不幸的灾难。霍金的伟大不仅在于他知识上的广博，而在于他坚强的性格，这是他献给人类的一笔无形的精神财富。

文学家篇

是谁用一支笔绘出了人生的七彩篇章？是谁用一颗心唱出了世间的爱恨沧桑？一定是他们吧！那么，就到文学家的世界里，听听这一曲悠扬的交响乐，也一并来奏出你自己生命中那一首华美的乐章吧！

——屈原

路漫漫其修远兮，吾将上下而求索。

——屈原

字　号：名平，字原，号文山

生卒年：约公元前 340 年—约公元前 278 年

出生地：丹阳（今湖北秭归）

品　质：伟大的爱国者、无私无畏、勇敢高尚

屈原出生于楚国的一个贵族家庭。屈原从小聪明过人，酷爱读书又非常勤奋。他不仅熟读《诗经》，还搜集了许多民歌加以整理、阅读。少年屈原不仅才华横溢，口才也非常好，二十多岁时他就做了楚怀王的左徒，后来，又任三闾大夫官职，在楚国的政治舞台上是一个非常杰出的人才，一度成为楚国内政外交的关键人物。但是，由于小人陷害，屈原一生遭到楚王的两次放逐，过了二十多年的流浪生活。

第一次放逐是在楚怀王二十四年（公元前 294 年），由于屈原极力反对楚怀王亲秦抗齐的外交政策，屡次犯上进言，结果他被放逐到汉水上游，即今天的湖北一带。第二次放逐是在楚襄王时，屈原因责备权臣令尹子兰不该劝楚怀王入秦会盟以至被秦扣留而死，子兰在楚襄王面前进谗言，使屈原遭到第二次流放，被放逐于江南。公元前 278 年，秦军攻占楚国都城郢，在绝望中，屈原深感政治理想无法实现，便来到汨罗江边，投江殉国，终年 62 岁。

屈原还是一位伟大的文学家，他继承了中国古代南方文化的优良传统，并在其基础上创立了“楚辞文体”，形成了中国文学史上最早的浪漫主义文学流派。《楚辞》和《诗经》一起构成了中国诗歌的两大源头，对后世文学产生了极大的影响。

屈原的作品现存的有《离骚》《九歌》《天问》等 25 篇，其中最重要的作品《离骚》是在屈原第一次被流放时所作。全诗三百一十多句，二千四百余字。屈原的作品有浓厚的地域文化色彩和独特的艺术风格，他大胆使用浪漫主义手法，运用神话传说，展开丰富的想象，抒发了自己奔放的情感和对美好理想的追求，表达了自己的政治理想以及对腐败

统治者的不满和对人民疾苦的深切同情与关怀。他继承并发扬了《诗经》的传统，巧妙地使用比兴手法，委婉而且深入地表述了自己的观点。

阅读屈原的作品可以感受到诗人伟大的人格和高尚的情操，他以国家兴亡为己任，追求“举贤荐能、修明法度”的政治理想。在《离骚》中，屈原对贵族统治集团争权夺利、贪婪嫉妒、仗势欺人、蔑视法度等腐朽现象进行了无情的揭露。屈原耿直的性格和他那国家利益高于一切的爱国情思在《离骚》中得到了充分的体现。

屈原作为政治家，是一个悲剧人物，然而正是这样的悲剧才促成了他文学上的非凡成就。他高尚的人格及杰出的文学作品受到了后人的景仰和崇敬。

——司马迁

究天人之际，通古今之变，成一家之言。

——司马迁

字　号：字子长

生卒年：约公元前145年—?

出生地：夏阳（今陕西韩城南）

品　质：正直刚强

公元前145年司马迁生于夏阳（今陕西韩城南）的一个史官世家。父亲司马谈，曾做过汉武帝的太史令，掌管天文，记载史事。司马迁从小聪明懂事，随父亲识字背书，专心致志。司马迁少年时期就饱读经史，10岁时能诵读《尚书》《左传》《国语》等古籍。他师从于当时著名的大儒孔安国、董仲舒。

公元前126年，20岁的司马迁在父亲的建议和支持下开始游历大江南北。他从京师长安出发，南下至江陵，渡江辗转到汨罗江凭吊屈原；沿湘江溯流而上，探访九里山，瞻仰舜帝陵墓，观看有关的文物和书册；到过现在的浙江会稽山，考察有关大禹的传说；北上到淮阴，深入街巷，探访韩信的事迹。他还到秦汉之际风云人物的故里，对楚汉相争的战场进行实地考察，从而收集了大量史料。

司马迁回到长安后不久，就被任命为郎中，经常随汉武帝巡游四方。

公元前111年，司马迁被派往西南少数民族地区对边民进行安抚，他借机深入调查各少数民族的经济、政治、社会生活和风土人情。

在公元前104年，司马迁开始着手编纂《史记》。

司马迁通过实地考察和民间访问，印证了许多历史文献和传闻。如传说中孟尝君很喜欢招募天下各种人才，包括鸡鸣狗盗之徒。为弄清“夷门”是什么，司马迁过大梁地废墟时，实地勘察，细心求证。正是由于司马迁这种求实精神，《史记》才成为“实录”之作。

公元前99年，汉武帝派得宠的李夫人的哥哥李广利率军攻打匈奴右贤王，李陵为后方辎重官。不料李陵所率的5 000步兵被匈奴3万骑兵包围，在敌众我寡的情况下，战士们仍浴血奋战，最后甚至拿空弓与敌拼命。不得已，李陵投降了敌人。李广利本无将才，虽未遇到匈奴主力，也被打得落花流水。好大喜功的汉武帝非常生气，一些阿谀之徒不敢得罪李广利，大都讳言李广利的败绩，委过于李陵。正直的司马迁为李陵鸣不平，直言辩护了几句。汉武帝却认为他在为李陵开脱而贬损李广利。于是公元前98年，司马迁以诬罔主上的罪名，被判处腐刑。这次灾难给他的打击是致命的，司马迁痛不欲生。但每次轻生的念头占上风的时候，司马迁耳边就回响起父亲的遗言。为完成那部“究天人之际，通古今之变，成一家之言”的《史记》，司马迁怀着巨大的悲痛日复一日地默默工作。

公元前96年，司马迁出狱，汉武帝任命他为中书令，掌管政府的诏书、表章等机要事务。公元前93年，司马迁终于完成了《史记》。这是一部不朽的历史巨著。它系统地记述了汉武帝以前3 000年间各色各样人物活动的历史，包容了政治、经济、军事、道德、文学、艺术、科学、宗教等各个方面的内容。《史记》在史学上、文学上，以及哲学上都具有极高的成就和影响。

——陶渊明

问君何能尔，心远地自偏。

——《饮酒》其五

字　号：名潜，字元亮，谥靖节

生卒年：公元365年—公元427年

品　质：洒脱不羁、品德高尚

陶渊明的曾祖是东晋名将陶侃，祖父、父亲都做过官，到了陶渊明这一代，家道中落。陶渊明从小就怀有远大志向。他酷爱读书学习，兴趣广博，且善于写文作诗，既聪明洒脱、放荡不羁，又质朴自然，不矫揉造作。

陶渊明最大的嗜好就是饮酒。陶渊明29岁时曾屈就当了一个州学祭酒的小吏。然而由于不能忍受官场应酬规矩，很快便辞职回家了。州刺史又想征召他为主簿官，陶渊明没有答应。他在家乡亲自耕种，以此养家糊口。但为了维持生计，他只得重新为官，担任州镇军、建威参军等务。

陶渊明一向自尊自重，从不阿谀奉承，也曾说过，不为五斗米折腰。安帝义熙二年（公元406年），陶渊明再一次辞官，于是创作了《归去来兮辞》赋。

东晋恭帝元熙年间，王弘就任州刺史，他非常敬慕陶渊明，因此，亲自登门造访。陶渊明却以自己有病为由拒见王弘。然而，王弘心胸宽广，他喜欢陶渊明这样坦荡不羁的性格，为此更加想与他成为朋友。陶渊明遇到生活上的困难，王弘也不时地给他资助。

亲朋好友遇到喜庆事情，带着酒菜前来造访，陶渊明从不加以推

辞。每次喝醉，陶渊明都不知有多高兴。闲居后，陶渊明自己不从事劳动，一切生活家务事情全都交给儿子和仆人处理。陶渊明从来不大喜大怒，然而遇酒必饮；即便有时无酒，也不停地咏诗作赋。他曾说：“在夏日空闲的日子，躺在室内北窗之下的凉床上，享受着不时吹来的凉爽清风，我就像是一位神仙。”

陶渊明的诗，淳朴、飘逸而又不失其意蕴，处处表现出一种返璞归真之美。

——李白

天生我材必有用，千金散尽还复来。

——《将进酒》

字　号：字太白，号青莲居士

生卒年：公元701年—公元762年

品　质：天资聪颖、洒脱浪漫

李白祖籍陇西成纪（今甘肃静宁西南），公元701年出生在一个商人家庭。李白5岁时，随全家迁居到绵州昌隆（今四川省江油县）的青莲乡。李白自幼学习刻苦，天资聪颖，并且富有积极进取的精神。

一次，李白由于课业枯燥，偷偷地跑出来玩，他看见一位老婆婆正在石头上磨一根铁杵，心想这铁杵何时才能磨成针呀？老婆婆告诉他，只要肯下工夫，早晚会成功。从那以后，李白再也不逃学了，学习也更加刻苦了。

公元726年以后，李白以湖北安陆为中心开始漫游。25岁离开四川，游历洞庭、庐山、金陵、扬州等地。28岁在安陆与唐高宗时的宰相许圉师的孙女成亲。他北游洛阳、太原，南游安徽、江浙，饱览山河，结交朋友，以求出仕。他先与元丹隐居嵩山，后又与孔巢父等隐居竹溪，号称“竹溪六逸”。

在长期的漂泊生活中，李白游历了半个中国，足迹涉及湖北、湖南、江苏、浙江、河南等省。祖国壮丽的山河，开阔了他的心胸，启迪了他的灵感；各地民歌给他提供了丰富的养料；而社会的阅历和生活的磨难，更使他洞悉到世态炎凉。在他的笔下，祖国的山河是那么的秀丽和壮观，而他的“蜀道难，难于上青天”又是何等的悲壮。

公元742年，诗名遍天下的李白应召到长安供奉翰林，唐玄宗给他以特别的待遇。他以为建功立业的机会已到，可以一展抱负了。但所谓供奉翰林只是一种相当于“御用文人”的侍从职务，没有实际职权。玄宗只是让他写一些华丽的点缀升平的诗词，增加宫廷的乐趣而已。这很快就让他感到寂寞和凄凉。三年的宫廷生活，李白看透了政治的腐败，便请求离开。从此，他再没到过京城。

出京不久，李白与杜甫在洛阳相识，以后又与杜甫、高适同游。接着在东鲁又与杜甫相见，同游鲁中名胜。他在山东济南接受了高天师所授的道教，正式成为道士，并以梁园、东鲁为中心北游燕赵，南游广陵，往来于宣城、金陵等地。在此期间，他广泛接触民间，对社会有了更深入的认识。

公元 755 年 11 月，安史之乱爆发，在此期间李白正隐居庐山，他希望有机会为国平叛立功，不久便加入了永王的幕府。后永王兵败被杀，李白也被逮捕，并判死罪。幸得元帅郭子仪相救，才免于一死，被判流放夜郎。到白帝城时，时逢唐肃宗大赦天下，才免除他的流放之罪。于是李白返回浔阳，投奔到族叔当涂县令李阳冰家里。61 岁时，他听到李光弼率大军征讨史朝义叛军的消息，就从当涂北上，准备去临淮前线请缨杀敌，走到江陵，因病返回。

公元 762 年，李白病逝，遗体葬在当涂县青山之南。

李白以其热烈豪迈的个性，强烈的反抗精神和斗争意识奏响了积极浪漫主义诗歌的最强音，他是我国文学史上继屈原之后又一位伟大的浪漫主义诗人。

——苏轼

九死南荒吾不恨，兹游奇绝冠平生。

——《六月二十夜渡海》

字　号：字子瞻，号东坡居士

生卒年：1037 年—1101 年

出生地：眉州眉山（今属四川）

品　质：才思敏捷、文笔出众

苏轼于 1037 年出生在今四川省眉山镇的一个书香门第。父亲苏洵是北宋著名的文学家。苏轼自幼受父母影响，喜爱读书。苏轼 8 岁时，父亲进京赶考，落榜后没有直接回家，而是四处游历。于是，苏轼的母亲程氏便在家担负起教导他的责任。

有一次，母亲教苏轼《后汉书》中的文章《范滂传》。范滂是东汉时的一位青年文人。东汉由于治理不当，政权落入宦官手中，以致全国贪污、贿赂、敛财和滥捕盛行，正直忠贞的学者们一再进谏，却招来了杀身之祸，范滂就是其中之一。范滂临死前与母亲诀别，其母深明大义，范滂终于从容赴死。读完这篇文章，小苏轼说："我如果做范滂，母亲能允许吗？"他母亲说："你能够做范滂，我难道不能做范滂的母亲吗？"简短的对话中，苏轼的志向与其母的正直可见一斑。

11 岁时，苏轼开始大量阅读经史子集，为进京赶考作准备。苏轼每次都把古文背诵得非常流利而且还对所背诵的古文有深刻的体会与理解。就这样，苏轼的学识日渐渊博。到了赶考之时，苏轼父子便同去京

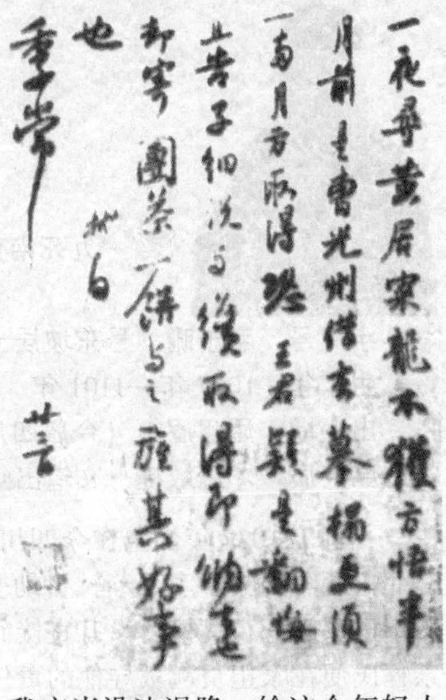

城赶考。

仁宗嘉祐元年（1056年）五月，苏轼父子抵达京城，嘉祐二年（1057年），苏轼参加了礼部考试。当时科举应试的文章中，割裂文辞、追求怪异的流弊占了上风，主考官欧阳修看到苏轼的《刑赏忠厚论》后，十分惊喜，想把他录为第一名，可他又怀疑这篇文章是他的门客曾巩写的，为了避嫌，欧阳修把文章放在了第二名；后来苏轼又凭《春秋》得居第一；殿试中了乙科。嘉祐二年（1057年）四月十四日，20岁的苏轼被钦点为进士。

欧阳修对与自己同朝为官的梅圣俞说："读苏轼的信，我欢喜之极，我应当设法退隐，给这个年轻人出人头地的机会。"据说欧阳修还曾对儿子说过："记住我的话，30年后没有人会谈起我。"他的这个预言果然实现了，欧阳修死后10年，很少有人再提起欧阳修，人人都在谈论苏轼，偷读他被禁的作品。

取得功名后不久，苏轼便举家迁往京都。在京都定居以后，苏轼又通过两次考试，一次考京师各部的业绩，另一次更重要，考"制策"，公开批评朝政。仁宗皇帝求贤若渴，下令举办这个特殊的考试，以鼓励公开批评的精神，一切文人都可以靠各部推荐或提出的作品报名。苏轼在欧阳修的推荐下报名，通过考试，苏轼的制策列入三等。从宋初以来，制策列入三等的只有两人，苏轼即是其一。苏轼还提出二十五篇史论，其中几篇至今仍是学校教材的范文。

苏轼父子名闻天下，在中国文学史上苏轼父子以"三苏"并称，并名列"唐宋八大家"。

——李清照

花自飘零水自流。一种相思，两处闲愁。此情无计可消除，才下眉头，却上心头。

——《一剪梅》

字　号：号易安居士

生卒年：1084 年—1151 年

品　质：饱读诗书，才华出众

李清照是我国古代最优秀的女词人，她的词作善用白描手法，自辟蹊径，语言清丽，是“婉约”派词人的优秀代表。李清照的著名词作有《声声慢》《如梦令》等。

李清照 1084 年出生于一个书香门第家庭，父亲李格非是著名学者，母亲也饱读诗书。李清照自幼就受到了良好的家庭教育。

李清照的父亲在京城为官，她便常常缠着母亲，让母亲讲讲京城的事。母亲也没去过京城，她只知道，那里是皇帝和无数大官住的地方。母亲就用她的想象，把一些美好的东西讲给小清照，讲到兴头上，便吟起了柳永的《望海潮》。母亲告诉她如今的汴京比词中所描绘的车水马龙的景象更加繁华，这让幼小的李清照无限神往。

终于，她的愿望实现了，父亲将她和母亲带到了京城。

父亲是一个开明的人，他从不因为清照是女子便用女子只应学绣花当淑女的准则来约束她，而且还鼓励她学习文学。少年时代的李清照便才华出众，精通音乐、书法、绘画，擅长诗词。父亲经常把女儿做得出色的诗文拿给朋友们看。一个小小年纪的女孩子，能写出一般文人难及的诗文，使父亲的朋友们都惊叹不已。

此后，父亲和朋友们论诗谈文的时候，他们便时常把小清照叫来。这些当时的一流文人，比起一般世上的迂腐之辈来，更具欣赏眼光，更重才学，也较少世俗偏见。李清照正是在这样的书香门第之家长大的，在当时一流诗人、词人的支持帮助下走上了文学之路。她的成功更离不开她的虚心好学，她总是如饥似渴地阅读浩繁文史，充实她的生活，最终使她成为成就卓著的女词人。

——陆游

城上斜阳画角衰，沈园非复旧池台。
伤心桥下春波绿，曾是惊鸿照影来。

——《沈园》

字　号：字务观，号放翁

生卒年：1125 年—1210 年

品　质：热爱祖国，胸怀大志

陆游于 1125 年出生在今浙江绍兴的一个有文化修养的爱国官宦家庭。这一年，北方的金朝大举南侵。1126 年，北宋首都汴京（今河南开封）陷落，他随父亲陆宰向南逃亡，在“经旬不炊”和夜夜闻金兵马嘶中，历尽艰辛，逃至寿春（今安徽寿县），后又逃回故乡山阴。

陆游在 19 岁时与舅父的女儿唐婉结婚，夫妻感情很融洽。可是好景不长，由于几年陆游考试都不中，陆游的母亲本来就不喜欢唐婉，于是把所有的罪过都归结在她身上。在母亲的极力要求下，陆游被迫写下休书。

一次，陆游在沈园恰巧遇见唐婉，两人重诉离别之苦。这时陆游感慨万端，便填了《钗头凤》词一首：“红酥手，黄藤酒，满城春色宫墙柳。东风恶，欢情薄，一怀愁绪，几年离索。错，错，错！春如旧，人空瘦，泪痕红浥鲛绡透。桃花落，闲池阁，山盟虽在，锦书难托。莫，莫，莫！”

陆游将这首词题在了园壁间，诉说自己的哀怨。唐婉见了，也依韵和了一首：“世情薄，人情恶，雨送黄昏花易落。晓风干，泪痕残，欲笺心事，独语斜阑。难，难，难！人成各，今非昨，病魂常似秋千索。角声寒，夜阑珊，怕人寻问，咽泪装欢。瞒，瞒，瞒！”

不久，唐婉便忧郁而死。这次婚变让陆游悔恨终生。

陆游为官近 30 年，仕途坎坷。晚年以 79 岁的高龄回到了故乡山阴，但依旧贫困，初时尚有俸禄，后来竟时有断炊。1203 年，辛弃疾被起任为绍兴知府兼浙东安抚使，这两位伟大的爱国主义诗人终于首次见面。辛弃疾看到陆游生活贫困，就时常周济他；又见陆游住的草屋破

旧，想给陆游另筑新舍，陆游没有接受。1207 年，辛弃疾病逝，陆游哀痛地说："若看幼安气如虎，一片遽已归荒墟。"

南宋在卖国投降派的操纵下，迫害爱国人士，国力衰弱不堪，人民生活极端艰难，陆游每天忧心忡忡，感慨世态炎凉。不久，因忧致疾。1210 年腊月底病逝。

在弥留之际，陆游还不忘收复国土，写下了有名的诗篇《示儿》："死去元知万事空，但悲不见九州同。王师北定中原日，家祭无忘告乃翁。"

这是陆游写给儿子的遗嘱，也是他的绝笔。在这首悲愤异常的诗篇中，向世人昭示出他一生抗敌复国的夙愿。这也是对当时以史弥远为首的投降派的强烈抗议和辛辣讽刺。这首诗 800 年来一直为人民所喜爱，成为鼓舞人民向异族侵略者进行战斗的号角。

——曹雪芹

满纸荒唐言，一把辛酸泪。
都云作者痴，谁解其中味。

——曹雪芹

字　号：名霑，字梦阮，号雪芹

生卒年：1715 年—1763 年或 1764 年

出生地：江宁（今江苏南京）

品　质：呕心沥血、淡泊明志

曹雪芹 1715 年生于江宁一个贵族世家。他自幼就接受了良好的家庭教育。曹家是一个“百年望族”，与朝廷有密切的关系，从曾祖父曹玺起，经祖父曹寅，父辈曹颙、曹頫，三代世袭江宁织造。江宁织造在清代是一种特殊的官职，负责督理宁、苏、杭一带的丝织事务，兼管向朝廷提供的供奉，并有向皇帝上密折的权力。康熙 6 次南巡，有 5 次在曹家居住。

曹家同时也是一个“诗礼之家”。曹雪芹的祖父曹寅能作诗及词曲，擅长书法，著有《楝亭诗抄》《词抄》《续琵琶记》等，曾汇刻前人文字、音韵书为《楝亭五种》，艺文杂著为《楝亭藏书十二种》，并主持编刊了《全唐诗》和《佩文韵府》。当时有很多文士名流都与曹家有过来往。出生在这样的书香门第里，对于提高曹雪芹的文学素养，无疑具有极为重要的意义。

然而他的文学才华得以表现，恰恰是在他的家世境遇发生了巨大变化以后。曹寅死后，康熙命曹寅之子曹颙继任江宁织造。不料曹颙接任仅两年有余便病死，此时曹雪芹尚在母亲腹中。康熙又下令把曹寅之侄曹頫，过继给曹寅为次子，继任江宁织造。曹頫才干逊色，又不善于钩心斗角、投机钻营，曹家恩宠削减。雍正即位后排斥异己，曹頫以亏空款项等罪被革职、抄家，曹家急剧走向衰落。到乾隆时，曹家曾一度平反，但不久又因事再一次遭遇祸变，从此便一蹶不振了。

曹雪芹 13 岁前曾在南京过了一段“锦衣纨绔”“饫甘餍肥”的生活；13 岁迁居北京以后每日吟诗作画，饮酒听曲，甚至“杂优伶中，以串戏为乐”。第二次变故发生后，他不得已在右翼宗学里谋得一个差使，并结识了敦敏、敦诚兄弟，成为默契好友。晚年“举家食粥酒常赊”，过着困顿不堪的贫穷生活。这种由富贵沦落为贫贱的不寻常经历使他对人世有了更深的了解，同时也以自己不同的心态去品味了人生，这一切都为他创作《红楼梦》提供了丰富坚实的生活基础。

《红楼梦》是一部伟大的批判现实主义杰作。它以贾宝玉、林黛玉、薛宝钗之间的恋爱婚姻悲剧为主线，描写了贾、史、王、薛四大封建家族的衰亡过程。作品通过写四大家族的命运，真实地反映了危机四伏的清王朝统治时代的面貌，揭示了封建制度濒临崩溃的历史趋势。作品也从三人的爱情、婚姻角度，揭示了封建礼教的残酷。在我国文学史上，还没有哪一部作品能把爱情悲剧写得像《红楼梦》那样富有激动人心的力量，也没有哪一部作品像《红楼梦》那样把爱情悲剧的社会根源揭示得如此全面、深刻。曹雪芹用他那如椽巨笔做到了这些，从而对封建社会作出了最深刻有力的批判，赋予了男女爱情主题以崭新的思想内容，挖掘了更广泛的生活内涵。

《红楼梦》的艺术成就还表现在艺术结构的浑然天成。全书把那么多的人物、那么繁杂的事件编织在一起，交错发展，彼此制约，构成了一幅壮丽的艺术画卷。这幅画卷如同一件精心编制的大网，使故事情节如同生活实际那样自然展开和运行，这在世界文学史上也是罕见的。《红楼梦》在语言运用上也是极为高超的。无论动作姿态，还是心理活动，抑或绘景状物，总是寥寥数笔就能传神入微。《红楼梦》是我国乃至全世界都有重要的珍藏与研究价值的奇书，为此，我国还成立了专门研究此书的学科，称为“红学”。

——鲁迅

灵台无计逃神矢，风雨如磐暗故园。
寄意寒星荃不察，我以我血荐轩辕。
——《自题小像》

字　号：字豫才，原名周树人
生卒年：1881 年—1936 年
出生地：浙江绍兴
品　质：爱国爱民

鲁迅 1881 年出生于没落的旧官僚家庭，自幼聪明好学，兴趣广泛。1898 年春，17 岁的鲁迅考入南京江南水师学堂学习，几个月后，转到江南陆师学堂的路矿学堂学习。1902 年 4 月，鲁迅以优异的成绩毕业，并获得公费留学日本。

到日本后，鲁迅首先选择学医，立志要改变中国人“东亚病夫”的形象。但发生在仙台医学专科学校的“幻灯片事件”，使他感到“中国人的病不在身体上，而在精神上”。于是他果断地决定弃医从文，离开仙台，来到东京。

1909 年 8 月，鲁迅从日本回国，先后应邀在杭州的浙江两级师范学堂和绍兴府中学堂执教，还曾应蔡元培之请在教育部任职。1918 年，鲁迅在《新青年》发表了中国现代第一篇白话小说《狂人日记》。小说通过对“狂人”的心理描写，形象地揭露和控诉了中国几千年“吃人”的历史，堪称“五四”运动中反封建的最强音。

从此，鲁迅的创作便一发不可收拾，以揭露封建社会黑暗、封建礼教吃人为主题的作品接二连三地问世，

《孔乙己》《药》《一件小事》《故乡》《阿Q正传》等作品相继发表。在《孔乙己》中，鲁迅成功地塑造了一个受科举考试制度毒害而沦落的读书人的形象；《阿Q正传》通过阿Q这样一个生动不朽的典型农民形象，深刻地揭示了辛亥革命必然失败，反映了长期处于封建统治下的农村社会人们的劣根性和下层农民的愚昧现状。

除了小说外，鲁迅还写了大量散文、散文诗，以及杂文。如《朝花夕拾》《野草》等。作为一个学者，他还致力于研究中国古代文化，撰写了极具见地和极有史料价值的《中国小说史略》。

1930年初，鲁迅参加了中国共产党领导的秘密政治团体“中国自由运动大同盟”，发表著名的讲话《对于左翼作家联盟的意见》，成为“中国左翼作家联盟”真正意义上的盟主。1931年2月，柔石等“左联”五烈士被害，鲁迅怀着悲愤的心情写下了《黑暗中国的文艺界现状》《中国无产阶级革命文学和前驱的血》，针锋相对而又巧妙地同国民党当局对革命文化的疯狂“围剿”进行不屈的斗争。

1936年10月19日，鲁迅逝世。上万人自发地为鲁迅先生举行了庄严而隆重的葬礼，在棺盖上，民众代表为他覆上了“民族魂”的大旗。“鲁迅是一位为了中华民族新生而奋斗终生的文化巨人”，这是人民大众给予他的最恰当的评价。

——郭沫若

读不在三更五鼓，功只怕一曝十寒。

——郭沫若

字　号：郭开贞

生卒年：1892 年—1978 年

品　质：喜欢阅读、才思敏捷、具有革命精神

郭沫若于 1892 年 11 月 16 日出生在四川省乐山县的一个富裕的家庭。父亲郭朝沛精明干练，善于经营，使郭家复兴。母亲杜氏，出身于官宦之家。1897 年，未满五岁的郭沫若就被父亲送进私塾。将近 9 年的私塾生活，使郭沫若熟读了“四书五经”，背诵了大量的古代诗词，还浏览了许多中国古代文学名著，这为他后来进行文学创作和历史研究打下了坚实的基础。

20 世纪初，清朝废除了科举，兴办学堂。1905 年，13 岁的郭沫若进入新式学堂乐山高等小学读书，1907 年升入嘉定府中学。在此期间，他曾因不满校政，参加学潮，被学校两次开除学籍。

1910 年 2 月，郭沫若考入成都高等学堂附属学校，他积极参加革命党人的“保路同志会”，带头参加成都学生的请愿罢课斗争，又被校方开除学籍。成都的求学经历使他的学识大为长进，青年的郭沫若逐步走向成熟。

1913 年末，在大哥郭开文的支持下，郭沫若途经朝鲜东渡日本留学。先后在东京第一高等学校、冈山第六高等学校和九州帝国大学医学部学习。1916 年在东京与安娜恋爱并结婚。1918 年开始新诗创作。

1921 年 7 月他与郁达夫、成仿吾等成立创造社。同年 8 月，出版第一部诗集《女神》，成为我国新诗的开拓者。

1923 年 3 月毕业后，郭沫若携眷归国，经过几番痛苦思索，他决定弃医从文。

1926 年 3 月他南下广州，担任广东中山大学文学院院长。同年 7 月，参加北伐。

1927 年“四·一二”政变后，他坚定地站在革命一边，同年 8 月

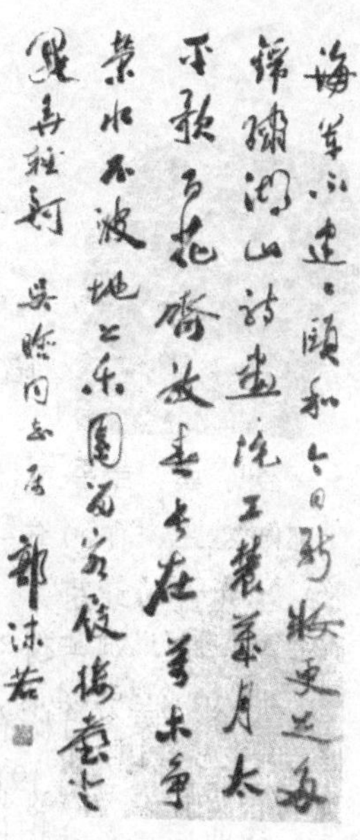

参加了南昌起义并加入了中国共产党，他的诗集《星空》《瓶》《前茅》《恢复》，小说《落叶》，历史剧《三个叛逆的女性》相继出版。1928年2月，举家流亡日本，致力于中国古代文字研究，并取得了重大研究成果。

1937年7月，郭沫若只身回国，参加抗战。抗战期间，先后担任国民政府军委政治部第三厅厅长、文化工作委员会主任，创作了《棠棣之花》《屈原》《虎符》《孔雀胆》等历史剧。抗战胜利后，在重庆、上海、香港等地进行反内战，争取民主自由与和平的斗争。

新中国成立后，郭沫若出任全国文学艺术工作者联合会主席和中国科学院院长，先后担任政务院副总理，全国政协副主席等职务。同时还创作了诗集《新华颂》《长春集》《潮汐集》《东风集》；历史剧《蔡文姬》《武则天》等。1978年6月12日，郭沫若病逝于北京，享年86岁。

——老舍

骄傲自满是我们的一座可怕的陷阱，而且这个陷阱是我们自己亲手挖掘的。

——老舍

字　号：字舍予，原名舒庆春

生卒年：1899年—1966年

出生地：北京

品　质：艰苦奋斗、积极进步

老舍，原名舒庆春，1899年2月3日出生于北京西城满族的一个贫民家庭。1913年—1918年，老舍就读于北京师范学校学习。因品学兼优，毕业后，老舍担任了一所小学的校长。两年后因成绩突出被提升为劝学员，待遇丰厚。后因与上司不和，愤而辞职，到市中学任教。1922年在天津南开学校任中学部国文教员，1923年发表小说《小铃儿》。

1924年—1929年，老舍在英国的伦敦大学任东方学院华语讲师。1930年，老舍从国外回到北平，经人介绍，认识了在北京师范大学读书的胡絜青。经过一年多的相恋，他们举行了婚礼，开始了幸福的婚姻生活。

1937年抗日战争爆发，老舍只身离开济南，来到重庆，主持中华全国文艺界抗战协会，创办了《抗战文学》三日刊。在此期间，老舍创作了大量反映抗战的文艺作品，为团结和组织广大文艺工作者参加抗日宣传工作进行了不懈努力。

1946年老舍去了美国西雅图，过了三年的旅美生活，旅美期间，老舍写完了《四世同堂》的第三部《饥荒》。1950年，他回到新中国，担任了北京市文联主席，《北京文艺》主编，次年获“人民艺术家”奖。

老舍在中国现代小说艺术的发

展中有十分突出的贡献。一生创作了一千多部作品，约700万字。有长篇小说《赵子曰》《骆驼祥子》《离婚》《四世同堂》等，中篇小说《月牙儿》《我这一辈子》，短篇小说《断魂枪》等，还有话剧《茶馆》《龙须沟》等。

1966年8月24日深夜，老舍在北京太平湖投湖自尽。

——但丁

道德常常能填补智慧的缺陷，而智慧却永远填补不了道德的缺陷。

——但丁

姓　名：但丁
生卒年：1265 年—1321 年
出生地：意大利佛罗伦萨
品　质：聪慧好学、爱好广泛

但丁于 1265 年出生在意大利佛罗伦萨的一个破落贵族家庭。他自幼聪慧，爱思考问题。父亲请著名学者鲁内托拉蒂尼当他的老师。在老师的建议下，他读完了古罗马作家维吉尔、奥维德和贺拉斯等人的作品，当时他只有 10 岁。但丁一直保持着勤奋好学，谦虚谨慎的求学态度。他爱好广泛，曾经到帕多瓦、波伦那和巴黎等地的大学学习美术、音乐、诗歌、修辞学、古典文学、哲学、神学、伦理学、历史、天文、地理和政治各门学科，并都取得了优异成绩。

早在青年时期，但丁就以激昂的热情投身于政治运动，反对封建贵族的统治和罗马教皇对政治的干涉。后来，教皇重新控制了佛罗伦萨政权。1302 年，但丁被没收全部家产，并被判终生流放，他从此再未回过故乡。在流放初期，但丁写了《飨宴》《论俗语》《帝制论》三部作品。《飨宴》是意大利第一部用俗语写成的学术著作，向读者介绍古今科学文化知识并赞颂人的伟大；《论俗语》以拉丁文写成，为意大利民族语言和文学语言的发展奠定了理论基础；《帝制论》则从理论上阐述了政教分离、反对教皇干涉政治的观点，向神权提出了挑战。

从 1307 年—1321 年，但丁历时 14 年之久，终于完成了伟大的史诗著作《神曲》。《神曲》

分为《地狱》《炼狱》《天堂》三部，通过对但丁幻游地狱、炼狱、天堂中遇到的上百个各种类型人物的描写，以广阔的画面，反映出意大利转折时期的现实生活和社会变革，体现了人文主义的新思想，为文艺复兴运动的兴起开辟了道路。因此，《神曲》也成了但丁的代表作，流传至今，其仍具有不可代替的价值。

但丁晚年时，与妻子盖玛和已经长大成人的三个孩子在拉文纳团圆，得享天伦之乐。1321年9月14日，但丁病逝，享年56岁。

——莎士比亚

明智的人决不坐下来为失败而哀号，他们一定乐观地寻找办法来加以挽救。

——莎士比亚

姓　名：莎士比亚

生卒年：1564 年—1616 年

出生地：英国斯特拉福

品　质：头脑灵活、口齿伶俐

莎士比亚于 1564 年 4 月 23 日出生在英国斯特拉福镇的富裕家庭。莎士比亚的父亲是个商人。

父亲经常带他去看戏，莎士比亚在观看演出时觉得非常神奇，从此便喜欢上了戏剧。六七岁时，莎士比亚被父亲送进斯特拉福文法学校学习拉丁文和文学，在这里他接触到了古代罗马的诗歌和戏剧。14 岁时莎士比亚辍学，给父亲当助手。18 岁时莎士比亚与比他大 8 岁的妻子结了婚。1586 年，一个偶然的机会莎士比亚随一个戏班来到了伦敦，并找到一份为骑马的观众看马的差事。这样莎士比亚离戏剧更近了。一有机会，他总忘不了观看戏剧，模仿演员的表演。

莎士比亚头脑灵活、口齿伶俐，工作之余，他坚持自学文学、历史、哲学等课程，还自修了希腊文和拉丁文。当剧团需要临时演员时，他开始演一些配角。他出色的理解力和精湛的演技，使他不久就被剧团吸收为正式演员。

那时候，伦敦的剧团对剧本的需求非常迫切。正因为莎士比亚曾阅读了大量的书籍，所以他更加了解自己祖国的历史和人民的命运，所以他决定也尝试写一些历史题材的剧本。

在莎士比亚的早期创作中，他的人文主义思想和独特的艺术风格逐渐形成，他的作品出色地反映了英国社会五光十色的画面。《罗密欧与朱丽叶》反映了人文主义者的爱情理想和封建恶习之间的冲突，集中体现了莎士比亚个性解放的思想。同期的《威尼斯商人》则尖锐地讽刺了高利贷商人极端利己的本性，具有深刻的社会意义。

莎士比亚创作高峰的标志是四大悲剧《哈姆雷特》《奥赛罗》《李尔王》和《麦克白》。其中《哈姆雷特》堪称世界最佳悲剧，主人公哈姆雷特也成了最复杂的文学典型之一。莎士比亚晚年转入神奇剧的创作，寄希望于乌托邦式的理想世界，作品有《辛白林》《暴风雨》等。

在他52年的生涯中，为世人留下了37部剧本，154首14行诗和两部叙事长诗。

莎士比亚戏剧的艺术特色主要在于情节的生动性与丰富性的完美结合，人物形象既具有高度的典型性，同时又具有丰富多彩的个性特征。作品思想通过情节和人物自然地表现出来。莎士比亚还是语言大师，他吸收民间的语言以及古代和当代的文学语言，并把它们运用得得心应手。他的许多词句脍炙人口。莎士比亚被同时代的戏剧家称为“时代的灵魂”，马克思也把莎士比亚誉为“最伟大的戏剧天才”。

——歌德

你若要重视自己的价值，就得给世界创造价值。

——歌德

姓　名：约翰·沃尔夫冈·歌德
生卒年：1749 年—1832 年
出生地：德国法兰克福市
品　质：追求真理

歌德于 1749 年 8 月 28 日出生在德国法兰克福市的一个富裕家庭。父亲是法学博士，母亲是市长的女儿，所以他很早就受到了较好的家庭启蒙教育。歌德从小就热爱文学，他曾学习过德国和意大利的文学，并且获得斯特拉斯堡大学学士学位。在斯特拉斯堡大学期间，歌德接触了莎士比亚、荷马等人的作品，深受他们创作风格的影响。1774 年，他发表了《少年维特之烦恼》，并因此而出名。1775 年他应邀到魏玛，次年被任命为魏玛公国的枢密顾问。此后，他成了魏玛公国的重臣，曾一度主持公国大政，力图进行一些改革。然而随着各方阻力的增强，他陷入一种矛盾的痛苦之中，于是他于 1786 年秋不辞而别，化名潜往意大利，直到 1788 年 6 月才返回魏玛。

在意大利的旅行是歌德一生的重要转折时期，他重新认识了自己的过去，并在罗马结识了很多艺术家。回到魏玛后，歌德专心于文学艺术创作，先后完成了戏剧《埃格蒙特》《托夸多·塔索》。1796 年，歌德结识了著名诗人席勒，两人共同探讨文学，探讨社会。在席勒的影响下，歌德再次提笔创作青年时期就开始构思的巨著《浮士德》，并在 1808 年出版了第一卷。此后的时间里歌德一直在撰写《浮士德》的第二卷，并在1831年出版。

《浮士德》的创作延续了近60年的时间，作品中体现了他的美学观点及思想发展。同时他的人生体验、哲学探索、艺术实践也使这部作品具有了永恒的魅力。《浮士德》与《荷马史诗》《神曲》等齐名，被文学家认为是史诗性的巨著。

1832年3月22日，在《浮士德》第二卷出版后的第二年，歌德在魏玛逝世，享年83岁。

——拜伦

让我攀登苏尼阿的悬崖，可以听见彼此飘送着悄悄话，让我像天鹅一样歌尽而亡；我不属于奴隶的国度——干脆把那萨摩斯酒杯打破！

——《哀希腊》

姓　名：拜伦

生卒年：1788 年—1824 年

出生地：英国伦敦

品　质：博览群书、蔑视权贵、投身于革命

拜伦，英国的天才诗人，19 世纪浪漫主义文学最重要的代表人物。

1788 年 1 月 22 日，这位天才诗人出生于英国伦敦的一个没落的贵族家庭。拜伦脚有点跛，这一缺陷成为他一生的痛苦，再加上因父母关系紧张而造成的痛苦的家庭生活，更使拜伦深感心灵的煎熬，他内心充满了焦虑和痛苦。

拜伦 10 岁时成了第六代拜伦男爵，因为他是伯父唯一的继承人，便继承了伯父的爵位和庄园，从此一下子脱离了贫困，变成了名副其实的贵族。从此贵族的习性逐渐在他身上显露出来。陪伴他一生的“懒惰而博学”的特点，在学生时代就已初露端倪了。

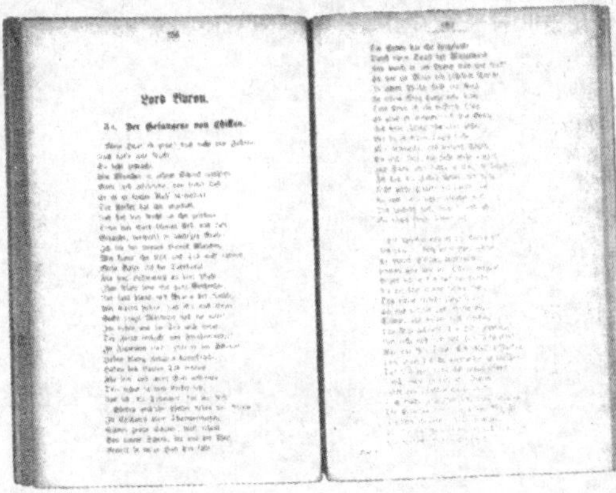

1805年，拜伦进入剑桥大学，学习他喜欢的文学和历史。他在学习上特别用功，但学校死板的教学方法却让拜伦十分失望。他开始不去上课，经常躲在图书馆里看课外书籍，他在那里阅读了大量的文学、历史和哲学的书籍。并于1808年，拜伦被授予文学学士的学位，从剑桥大学毕业。

在生活中拜伦从来不巴结上流社会的人物。1809年3月13日，他作为世袭的贵族，进入了英国的贵族院，当了一名议员。这位被评为英国第一美男子的诗人征服了伦敦的社交界。

诗人逐渐厌倦了贵族生活，他需要更加新鲜的空气。于是他开始了出国游历的生活，并开始写作著名长诗《恰尔德·哈罗德游记》，这是一首情意奔腾的浪漫诗，一经出版，立即成为伦敦人谈话的中心。他用这本书彻底征服了英国。可是，拜伦依然被无尽的寂寞包围着，他无法从痛心酸楚的过去挣脱开来。他在怀疑着自己诗篇成功的永久性，而且他还没有完全摆脱少年时期害羞的性情。他俯视着一切女性，而又依然低着头很少说话，他的内心十分烦闷。

1816年拜伦毅然离开英国，先到瑞士、意大利，最后奔赴希腊，投身于火热的革命之中。在此期间，他认识了英国诗人雪莱，并且和他结下了深厚的友谊。在雪莱的支持下，他开始创作他一生中最重要的作品《唐璜》，这是一部诗体长篇小说，诗人通过主人公在爱情和生活中的一些遭遇反映整个欧洲的历史。诗人拜伦把最后的时光献给了希腊，在希腊的独立浪潮中诗人终于感受到了生命和生活的实在与意义。

天才诗人拜伦于1824年病逝于希腊。

——雪莱

冬天来了，春天还会远吗？

——雪莱

姓　名：泊西·比西·雪莱

生卒年：1792 年—1822 年

出生地：英国苏塞克朗郡

品　质：热爱生活、体恤民生

雪莱，1792 年 8 月生于苏塞克朗郡，自幼聪慧的他成为伙伴们的小头领。他兴趣广泛，爱思考。18 岁时，他便进入牛津大学学习，但后来由于撰写《无神论的必然性》而遭开除。

雪莱被人们认为是英国卓越的政治诗人、抒情诗人、哲理诗人。他以诗歌为武器，对现实进行无情的揭露，讴歌美好的未来，他深信，爱与美终将成为世界的主流，人类最终会走向光明。他诗歌的主要特点是情感浪漫、想象优美、韵律和形象完美。《云》《致云雀》《西风颂》赢得了全世界诗歌爱好者的赞誉。

雪莱的诗永远充满着坚强与希望，鼓舞着每一个奋起的时代青年。

——普希金

假如生活欺骗了你，不要悲伤不要心急。忧郁的日子里需要镇静，相信吧，快乐的日子将会来临。

——普希金

姓　名：普希金

生卒年：1799 年—1837 年

出生地：俄罗斯莫斯科

品　质：热爱祖国、才华非凡

普希金于 1799 年 6 月 6 日出生在莫斯科一个破落的贵族家庭。

1811 年，12 岁的普希金跟着叔父来到彼得堡的皇村中学。在此期间反法卫国战争爆发了，这场战争唤醒了俄罗斯民族，也对普希金童年时代的思想发展及世界观的形成产生了重大影响。他在爱国思想的激励下，诗兴大发，激情澎湃，写下许多优秀的爱国诗篇。

中学毕业后的普希金被派往彼得堡外交部任十等文官。他用诗歌反抗欺骗和镇压人民的沙皇，诅咒人吃人的封建农奴制度。他的叙事诗《鲁斯兰与柳德米拉》取材于古代俄罗斯的童话故事，赞颂了俄罗斯壮士光辉的爱国主义行为。这些作品使沙皇政府感到惶惶不安。不久，普希金被警察拘捕，最后他被流放到俄罗斯南部的叶卡捷琳诺斯拉夫。

不久，沙皇亚历山大驾崩。1826 年诗人普希金返回莫斯科，受到文学界和人民的热烈欢迎。

普希金在此期间，陆续发表了很多诗篇，对政府的专制进行了猛烈的攻击和辛辣的嘲讽，并宣传了革命理想。此后，他又写了英雄史诗《波尔塔瓦》、特写集《阿尔兹鲁姆旅行记》、长篇诗体小说《叶甫盖尼·奥涅金》和长篇小说《上尉的女儿》等来抨击沙皇政权。于是他与上层社会的矛盾越来越尖锐，

沙皇也不断寻找各种机会对普希金加以迫害。

由于普希金的妻子冈察洛娃是莫斯科第一美人，沙皇对她垂涎三尺。1837 年，沙皇政府收买了一位法国亡命之徒丹特士，策划了一场阴谋，让丹特士借一切机会追求普希金的妻子，最后普希金倒在了血泊之中。普希金用诗来抒写生活，控诉统治阶级，用诗来表达爱情，这位伟大的诗人给后人留下了很多不朽诗篇。

——巴尔扎克

伟大的人物都是走过了荒沙大漠，才登上了光荣的高峰。

——巴尔扎克

姓　名：巴尔扎克

生卒年：1799 年—1850 年

出生地：法国图尔市

品　质：兴趣广泛

巴尔扎克于 1799 年 5 月 20 日出生在法国图尔市的一个中等资产阶级家庭。巴尔扎克自幼在缺少家庭温暖的环境中长大。但他却兴趣广泛，记忆力和分析能力都很强，通过自学掌握了许多知识。

巴尔扎克通过努力最终在巴黎大学获文学学士学位，并从 20 岁开始文学创作，发表过许多不成功的剧本和小说，虽遭受挫折，但他从不放弃，并且毅然摆脱家庭，独立生活。1829 年出版的长篇小说《朱安党人》，初步奠定了他在文学界的地位。1831 年发表的长篇小说《驴皮记》为他赢得了声誉，成为法国最负盛名的作家之一。他早有把自己的作品结集成一个有机整体的设想。1841 年他在但丁《神曲》的启示下，正式把自己作品的总名定为《人间喜剧》，并在《〈人间喜剧〉前言》中宣称要做社会历史的“书记”。他认为社会环境陶冶人，他在体验生活的同时，阅读了大量书籍，自然科学、神学等等无不涉猎。1829 年—1849 年，巴尔扎克为《人间喜剧》写出了 91 部作品，包括长篇、中篇、短篇小说和随笔等，分为“风俗研究”“哲学研究”和“分析研究”三部分。长篇小说有《欧也妮 · 葛朗台》《高老头》《幻灭》《农民》《贝姨》等。

《人间喜剧》这部伟大的作品深得马克思和恩格斯的赞赏。在艺术上，巴尔扎克也有突出的成就。他提出："要描写一个时代的主要人物，绘写出这个时代广阔的面貌，即通过塑造众多的典型反映整个社会。"恩格斯指出：通过《人间喜剧》，巴尔扎克"提供了一部法国'社会'特别是巴黎'上流社会'的卓越的现实主义历史"。他的作品"是对上流社会必然崩溃的一曲无尽的挽歌"，"他看到了他心爱的贵族们灭亡的必然性"。巴尔扎克虽然离开了我们，他的作品却享誉世界。

——雨果

丑就在美的旁边，畸形靠近着优美，粗俗藏在崇高的背后，恶与善并存，黑暗与光明相共。

——雨果

姓　名：维克多·雨果

生卒年：1802年—1885年

出生地：法国贝尚松城

品　质：天资聪颖、爱好文学

雨果于1802年2月26日出生在法国贝尚松城的一个军官家庭。他自幼受母亲影响较大，天资聪颖，爱好文学，阅读了大量名著，特别迷恋诗歌。20岁时，他的诗集《颂歌与杂诗》出版，获得了路易十八的赏识。

1824年，雨果的处女作小说集《汉·伊斯兰特》获得了小说家诺蒂埃的赞赏，与诺蒂埃的结缘，使雨果开始转向浪漫主义并逐渐成为浪漫派的首领。1827年雨果为自己的剧本《克伦威尔》写了长篇序言，被视为浪漫派文艺宣言。他在序言中提出了坚持不要公式化而是具体地表现情节的文学主张，还特别宣扬了真善美与假恶丑对照的原则。1830年，雨果的浪漫戏剧代表作《欧那尼》公开上演，首次演出便获得了成功。1832年，雨果的长篇名著《巴黎圣母院》出版，这部作品为雨果赢得了著名小说家的声誉。

可也正是这部小说，给雨果带来了流放的厄运，他开始了长达19年的流亡生活。在流亡期间，雨果完成了《时代的神话》以及《悲惨世界》。《悲惨世界》是最能代表雨果思想艺术风格的作品，小说还没有出版，就已经被译成了9国文字，震动了欧洲和美国。雨果的文风雄健，富有强烈的人道主义思想和渊博的知识。他的流亡经历，使他更加读懂了生活，也促成了这部伟大著作《悲惨世界》的问世。他为后人留下了数量丰富的文学珍品，除了小说《巴黎圣母院》《悲惨世界》《九三年》，以及歌剧《欧那尼》外，还有诗歌《秋叶》《静观》《光与影》《街头丛林之歌》等。

1881年2月26日，60万巴黎人在雨果的窗前游行，庆贺他的80寿辰。1885年5月22日雨果去世，法国政府和人民为他举行了隆重的国葬，来自法国和世界各地的200万人为他送葬。

——托尔斯泰

快乐在于寻找真理，而不在于发现真理。

——托尔斯泰

姓　名：列夫·尼古拉耶维奇·托尔斯泰

生卒年：1828 年—1910 年

出生地：俄国图拉省

品　质：思想进步、生活俭朴

列夫·托尔斯泰是 19 世纪俄国最伟大的作家。他于 1828 年 9 月 9 日（俄历 8 月 28 日）出生在图拉省的一个伯爵家庭。托尔斯泰幼年活泼顽皮而又敏感、富于幻想，童年时期充满欢乐。但不幸的是父母早逝，在父母死后，其兄妹由姑姑抚养成人。苦难的生活对他产生了巨大影响。

1844 年他进入喀山大学，受到卢梭、孟德斯鸠等启蒙思想家的影响，1847 年退学回故乡，开始了系统地自学，并在自己的领地上作改革农奴制的尝试。1851 年—1854 年，他在高加索军队中服役并开始创作；1854 年—1855 年，参加了克里米亚战争。几年军旅生活不仅使他看到上流社会的腐败，也为以后在其巨著《战争与和平》中能够逼真地描绘战争场面打下了基础。1855 年 11 月，他回到彼得堡进入文学界，成为文坛新秀，受到了屠格涅夫等人的器重。

1863 年—1869 年，托尔斯泰创作了长篇历史小说《战争与和平》，这是其创作历程中的第一个里程碑。小说以四大家族为主线，展现了当时俄国从城市到乡村广阔的社会生活画面，反映了 1805 年—1820 年发生的一系列重大历史事件，特别是 1805 年—1807 年进行的申格拉本战役和奥斯特里齐战役，以及 1812 年进行的卫国战争，

歌颂了俄国人民的爱国热忱和英勇斗争精神，主要探讨了俄国的前途和命运，特别是贵族的地位和出路问题。小说结构宏大，人物众多，典型形象鲜活饱满，是一部具有史诗特色的鸿篇巨制，这部小说为他赢得了世界文豪的声誉。

1873 年—1877 年，他完成其第二部里程碑式巨著《安娜·卡列尼娜》，以乡村生活为背景，反映农奴制改革后的社会关系，小说艺术炉火纯青。

19 世纪 70 年代末，托尔斯泰的世界观发生巨变，写成了《忏悔录》。19 世纪 80 年代他创作了剧本《黑暗的势力》《教育的果实》，中篇小说《魔鬼》《伊凡·伊里奇之死》《克莱采奏鸣曲》《哈泽·穆拉特》，短篇小说《舞会之后》。特别是 1889 年—1899 年创作的长篇小说《复活》是他长期思想、艺术探索的总结，深刻揭示了专制和压迫的社会制度，《复活》从而成为对俄国社会批判最全面、深刻、有力的一部著作，成为世界文学不朽的名著之一。

托尔斯泰晚年力求过着简朴的平民生活，但精神却始终处在极端苦闷之中。1910 年 10 月托尔斯泰从家中出走，11 月 20 日病逝于一个小站，享年 82 岁。

——马克·吐温

马克·吐温，近代幽默文学的泰斗！代表美国文学的世界一流作家！他是怀有赤子之心的顽童，亦是仗义执剑的骑士。

姓　名：马克·吐温

生卒年：1835 年—1910 年

出生地：美国密苏里州佛罗里达

品　质：正直谦虚

马克·吐温是 19 世纪后期美国一位现实主义文学的杰出作家，他以幽默、讽刺的手法，为人们描绘了一幅幅美国社会生活画。

马克·吐温于 1835 年 11 月 30 日出生在美国密苏里州的佛罗里达镇。12 岁时，父亲去世，随之一家人的生活陷入困境。1862 年，他被聘为《事业报》记者，1864 年在《晨报》当记者，从此走上了文学创作之路。

在他创作的众多优秀小说之中，《哈克贝利·费恩历险记》独具特色。海明威曾说过："一切现代美国文学都来自一本书，那就是马克·吐温的《哈克贝利·费恩历险记》。"他认为，这是美国所有的书中最好的一部。

作品以白人少年哈克和黑人奴隶吉姆结伴出逃寻找自由为线索，记叙了他们历险的全过程，尽情描写了密西西比如诗如画的美景，精心刻画了哈克和吉姆这两个鲜活生动的人物形象。

作品的中心主题是反对种族歧视和压迫。从黑奴吉姆身上体现出来的善良、忠诚和富于人性，以及他同白人少年哈克的深厚情谊，表明黑人同白人一样高贵、仁义。《哈克贝利·

费恩历险记》以儿童第一人称的立场记人叙事，真实亲切，笔调幽默，妙趣横生。

马克·吐温这位从美国民间幽默的土壤上崛起的作家，以他一贯幽默而不乏讽刺的笔法，创作了《卡拉维拉斯县有名的跳蛙》《傻子国外旅行记》《汤姆·索亚历险记》《哈克贝利·费恩历险记》和《傻瓜威尔逊》《百万英镑》等一系列脍炙人口的作品，写尽了美国一个时代的民间风情和世俗百态，活现了“美国民族之魂”。马克·吐温也因此被誉为“美国文学史上的林肯”。

马克·吐温于1910年4月21日病逝，享年75岁。

——契诃夫

简洁是天才的姊妹。

——契诃夫

姓　名：安东·巴甫洛维奇·契诃夫

生卒年：1860 年—1904 年

出生地：俄国塔甘罗格市

品　质：语言幽默、直面生活

契诃夫是俄国现实主义作家，一生中著作颇丰，尤以短篇小说创作成就最为辉煌。

1860 年 1 月 29 日，安东·巴甫洛维奇·契诃夫生于俄国南部亚速海边的塔甘罗格小镇。幼时契诃夫就在父亲的小杂货店里当学徒招待顾客，一有差错，就会招来父亲的一顿打骂。契诃夫入学后，枯燥的功课满足不了他的求知欲，他便找来屠格涅夫、塞万提斯等作家的作品如饥似渴地阅读起来，中学时代的生活培养了他对文学的浓厚兴趣。

19 岁的契诃夫考进了莫斯科大学医学系。课余时间他开始用“安托沙·契洪特”的笔名在报刊上发表文章，这些文章显露出了他的文学创作才能。其中《小公务员之死》《老爷和小姐》成了当时人们非常喜欢的短篇小说。

1885 年，他发表了《普里希别叶夫中士》《痛苦》《变色龙》《家庭教师》等短篇小说。

1888 年，他的小说集《在黄昏中》获得了科学院颁发的“普希金奖金”。

契诃夫于 1890 年赴萨哈林岛（库页岛）进行实地考察。在那里，他访问了一万多名政治犯，对他们过的那种非人的生活和痛苦遭遇深表同情。因此，他回到莫斯科后，用三年时间完成了《萨哈林岛》一书，于1893年在自由派杂志《俄罗斯思想》上发表了部分章节。

契诃夫与此同时又先后写成了小说《妻子》《跳来跳去的女人》《套中人》和剧本《海鸥》等。1898年12月17日，莫斯科艺术剧院再度上演《海鸥》，并获得了巨大成功。接着，契诃夫又写了剧本《万尼亚舅舅》。

1904年初，他创作的戏剧《樱桃园》在莫斯科公演成功。同年7月15日，契诃夫在德国逝世。

——高尔基

作为一种感人的力量，语言的真正的美，产生于言辞的准确、明晰和动听，这些言辞描绘出作品中的图景、人物性格和思想。

——高尔基

姓　名：高尔基

生卒年：1868 年—1936 年

出生地：俄国尼日尼诺夫戈罗德

品　质：勤奋好学

高尔基原名阿列克塞·马克西莫维奇·彼什科夫，1868 年 3 月 16 日出生于俄国伏尔加河畔的尼日尼·诺夫戈罗德（今高尔基市），幼年时失去双亲，在成长过程中尝尽了人间的疾苦。但他自幼酷爱读书，靠自学成才。社会底层的生活和丰富的阅历使他对俄国社会有了深刻的认识，也为他日后的创作提供了丰富的素材。

1892 年，高尔基用笔名发表了第一篇短篇小说《马卡尔·楚德拉》。1895 年 2 月，他成为《萨马拉报》的专栏作家。在高尔基早期的作品中塑造了很多流浪汉的形象，他们的生活具有浓厚的浪漫主义色彩。1905 年俄国革命时，高尔基参加了布尔什维克党报的出版工作，并加入了党组织。莫斯科起义失败后，他到欧美宣传革命，筹集经费。

1906 年，高尔基来到美国，在那里完成了他最著名的长篇小说《母亲》的创作。小说通过对工人革命者巴维尔母子的英雄形象的刻画，成功地描绘了俄国工人阶级从接触马克思主义理论到参加实际斗争中逐渐成长的过程。以后在旅居意大利期间，他受到造神论的影响，写出了《忏悔》，遭到列宁的严肃批评。高尔基早在 1905 年就和列宁有了第一次会面，这时列宁更加关注他的思想发展，不断给予他热情的帮助。1913 年，沙皇政府大赦政治犯，高尔基返回俄国，随后完成了自传三部曲的前两部《童年》和《在人间》。十月革命后，高尔基和布尔什维克党发生了分歧，但 1918 年 8 月列宁的遇刺使他幡然醒悟，及时改正了自己的错误。1923 年，高尔基完成了自传三部曲的最后一部《我的大学》的创作。

1934 年，他主持了苏联第一次作家代表大会，并当选为苏联作家协会主席。1936 年 6 月 18 日，高尔基病逝，享年 68 岁。

——海明威

一切优秀的书籍，都具有一个共同点：当你读完它时，会感到书中描述的一切，你已亲身体验过，因而它将永远铭记在你的心中……

——海明威

姓　名：厄内斯特·海明威
生卒年：1899 年—1961 年
出生地：美国芝加哥市橡树园镇
品　质：文坛硬汉、美利坚民族的精神丰碑

海明威，美国著名“硬汉”作家，被誉为“现代小说之父”。1899 年 7 月 21 日，海明威出生于美国伊利诺伊州芝加哥郊外的橡树园小镇。

海明威中学毕业后在一家报社当记者。第一次世界大战期间他赴意大利参加救护工作。由于在前线负伤，海明威于 1919 年回国并开始了他的写作生涯。海明威的初期作品有《三个短篇和十首诗》《在我们的时代里》等，虽然销路不佳，但却以其独特的风格引起了评论界的重视。

1926 年，海明威的重要长篇小说《太阳也升起来了》出版。由于小说写出了青年一代的失望情绪，被称为“迷惘的一代”的代表作。1929 年 9 月，海明威的著名长篇小说《永别了，武器》问世。1936 年又发表了小说《乞力马扎罗的雪》。1937 年，海明威以战地记者的身份赴西班牙报道反法西斯战争。不久，他写出了惊世之作，题为《丧钟为谁而鸣》的长篇小说。1952 年，他的中篇小说《老人与海》问世，这部小说被公认为是他最伟大的作品，获得了 1953 年度美国普利策文学奖。1954 年，瑞典文学院因海明威创作的《老人与海》这部小说“精通现代叙事艺术”而授予他诺贝尔文学奖。

海明威在近 40 年的创作中形成了独特的思想和艺术风格，他的长篇小说《永别了，武器》和《战地钟声》，成为世界文学宝库中的经典之作。他的作品文字简洁、凝练，以“电报式”的风格著称于世。他是开创了一代新风的语言大师。

海明威成长的时代，正是资本主义日趋没落的时代。这种时代的特点，使得海明威的思想处于一种复杂而又矛盾的状态。他既看见了资本主义世界的解体和所谓西方文明的堕落，但又不能从自己狭窄的视野中找到出路，因此感到前方一片迷茫。困惑中的海明威于1961年7月2日用猎枪结束了自己的生命，享年62岁。

艺术家篇

艺术从来就是一所高高在上的精神的殿堂，若非“高山仰止，景行行止”，又如何能离了那人世芜杂，走进这与世无争、平静安详，来吧，走近艺术、走近艺术家，在如生命般辽远空寂的艺术殿堂里，听听那心灵的回音吧！

——王羲之

是日也，天朗气清，惠风和畅，仰观宇宙之大，俯察品类之盛，所以游目骋怀，足以极视听之娱，信可乐也。

——王羲之

字　号：字逸少

生卒年：公元 303 年—公元 361 年

品　质：刻苦勤奋、耿直坦诚、德才俱佳

王羲之是东晋有名的大书法家，人称“书圣”。公元 303 年王羲之出生于琅邪临沂的一个大族家庭，自幼酷爱读书，尤其对书法有着浓厚的兴趣。7 岁时王羲之跟著名书法家卫夫人习字。他集中精力，刻苦练习，日见长进，不到三年，功夫已相当精湛。

王羲之少年时代，笔锋初露便震惊了方圆百里的书法名家。从那以后，他精心钻研书法，独创了自己秀美的字体，被世人誉为“书圣”。

青年时的王羲之以耿直、坦诚著称。王羲之早年因德才俱佳，又是世族子弟，多次被举荐做官，但他对此并不感兴趣。公元 334 年，庾亮请他当了参军，后来一直升到了右军将军，后人因此称他为“王右军”。王羲之做官后，并不以名利为重，常与平民百姓、道士交往，由此留下许多佳话。

公元 353 年 3 月 3 日，王羲之和名士谢安、孙绰等 41 人举办宴会于会稽山的兰亭，大家赋诗抒发胸中的感慨，后来结集成册。王羲之为

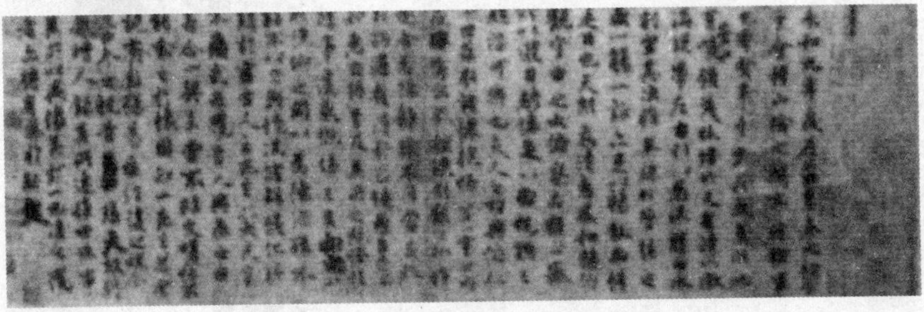

王羲之《兰亭集序》真迹摹本

这本书写了序，记述了当时宴会的盛况，并且即事抒情，对人生聚聚散散、年寿不永发出感叹。这就是著名的《兰亭集序》。它不仅是书法史上的名篇，也是脍炙人口的优美散文。唐太宗李世民极为喜爱王羲之的作品，曾探访《兰亭集序》真迹多年，最终从后人手中得到。唐太宗驾崩后，《兰亭集序》真迹就随之葬入了昭陵。

王羲之一生淡泊名利，他常常以身作则教育孩子们为人应洁身自好，不应有贪图名利之心，王羲之也是一个家庭观念很重的人，他曾经想和道士许迈一同修炼，服食仙丹，但因不忍与家人别离而作罢。

王羲之一直想让他的儿孙能在书法上有所成就，他的 7 个儿子在他的鞭策下都勤于书法，其中最有成就的是王献之，与其父亲并称为“二王”。

公元 361 年，王羲之病逝，享年 59 岁。

——唐伯虎

酒醒只在花前坐，酒醉还来花下眠。
半醉半醒日复日，花落花开年复年。
——唐伯虎

字　号：名寅，字伯虎
生卒年：1470 年—1523 年
品　质：才华横溢、风流多情、淡泊名利

唐伯虎，名寅，于 1470 年生于吴县（今江苏省苏州市），是明代著名的文学家、书画家。13 岁起，他开始闭门读书，学问日益精进。唐伯虎曾师从画家周臣。周臣擅长画山水，笔法严谨，格调稳健，运笔豪放遒劲，他的言传身教在很大程度上影响了唐伯虎的画风。

1494 年，唐伯虎的父母、妻儿相继死去，这使他深受打击，一时间悲痛不已。

1498 年，唐伯虎在好友祝枝山的劝说下，去应试科举，中了乡试的第一名。次年，他与徐经同去京城会试。徐经买通主考程敏政的家童而得到试题，事情泄露后，程敏政、徐经遭人弹劾，唐伯虎也受牵连而下狱，受尽了折磨。水落石出以后，虽仍让他做了官，但唐伯虎感到屈辱、羞耻，愤而拒不就职。过着虽贫困，但却自由、独立的生活。

“科场舞弊案”令唐伯虎从此寄情山水，人生观发生了改变，生发出了“人生贵适意”的新思想，这使他在绘画上独树一帜，成绩斐然。唐伯虎风流多情，自伤自怜，钟情仕女画，画中表现了画家对现实的不满和对美好生活的向往和追求。代表作有《秋风纨扇图》《李端端落籍图》《王蜀宫妓图》等。唐伯虎的花鸟画也卓尔不凡，飘逸洒脱，富有生气。如《鸦阵图》《百鸟图》《雨竹》等。另外，唐伯虎的画往往配以优美的诗文和飘逸的书法，相映成趣，被赞为“神品”。他还将绘画的经验心得和历来的理论进行归纳总结，编成《画谱》一书，对我国绘画艺术理论的发展影响深远。

唐伯虎擅长诗词，他的诗多用口语，真切平易，如《把酒对月歌》《秋风纨扇歌》《题渔父》《题周东树画》等，都是其佳作。

1523年，唐伯虎在贫困交加中病逝，享年53岁。

——齐白石

为万虫写照，为百鸟张神，要自己画出自己的面目。

——齐白石

姓　名：原名纯芝，字渭清，号白石
生卒年：1864 年—1957 年
出生地：湖南湘潭
品　质：求知若渴、热爱祖国

齐白石于 1864 年 11 月出生于湖南湘潭白石铺乡的一个农民之家。16 岁，齐白石开始师从刻花木匠，他渐渐地对雕刻产生了极大的兴趣，经常描画钻研到深夜。20 岁那年，他在做活时意外地发现了一套康熙年间刻印的《芥子园画谱》，便立刻爱不释手。齐白石如饥似渴地用了半年时间将其全部临摹下来，并且反复临摹，积累了上千张手稿。

1889 年的一次偶然的机会，齐白石认识了颇有才学的私塾先生胡沁园和陈少蕃。在他们的指导启发下，齐白石开始了他的读书绘画的艺术生涯。三十多岁时，齐自石把书画功夫相结合，开始苦练刻印。他拜著名治印家黎松安、黎铁安为师，结合雕花手法，加上他的领悟和巧手，刻印技艺渐渐自成一家。

1902 年，年近四十的齐白石开始游历大江南北、名山大川，了解当地的风土人情，创作了为数众多的速写作品，同时结识拜访了许多具有真才实学的画界名人，鉴赏、临摹了许多秘籍、名画、书法、碑拓等艺术品。这些大大开阔了他的视野，也提高了他的审美能力和鉴赏能力，使他渐渐步入了文人画师行列。

1909 年暮秋，齐白石回到故乡，购置了一所房子，取名“寄萍堂”，在这里，齐白石总结了多年游历的心得，细细钻研揣摩，有所体味就泼墨成画。通过 10 年的刻苦磨砺，齐白石终于形成了朴实、自然、独有的创作风格。

1919 年初春，齐白石为避战乱定居北平。刚刚到北平时，齐白石只能靠治印维生，生活极为贫困。后来他创造了中国画工笔草虫和现实

写意花卉相结合的特殊风格，他的作品终于得到了陈师曾等人的欣赏。齐白石在他们的提携下，一时间名声大噪。

60岁以后，齐白石的画风遽变，融合了传统写意画和民间绘画的表现手法，其作品形成了独特的艺术风格。他一生画虾，不断追求艺术妙境，到晚年才真正达到了炉火纯青的地步。对画技他曾说过一句话“妙在似与不似之间”，成为当时传诵的名言。

1937年，日军侵占北平。北平沦陷之后，齐白石愤然辞去了教职，从此紧闭大门，这些事件充分表现了这位艺术老人的民族气节。直到1945年日本投降，他才公开露面，1946年初他重新开始了他的卖画生涯。

80岁前后，齐白石治印的篆法、章法、刀法都表现出了鲜明的特色，被誉为“印坛泰斗”。他的画作把中国传统艺术水平提升到了一个新的高度。

新中国成立后，齐白石曾任中国美术协会主席，被誉为“人民艺术家”。

1957年9月16日，齐白石逝世于北京，享年94岁。1963年，他被选为世界十大文化名人。

——梅兰芳

那冰轮离海岛，乾坤分外明，皓月当空，恰便似嫦娥离月宫，奴似嫦娥离月宫。

——梅兰芳

姓　名：梅兰芳

生卒年：1894 年—1961 年

出生地：北京

品　质：练功刻苦、有高尚的民族气节

梅兰芳 1894 年 2 月 2 日出生于北京城内一个京剧世家。他自幼父母双亡，由伯父抚养成人。1901 年，7 岁的梅兰芳开始学戏。1912 年，18 岁的梅兰芳随京剧大师王凤卿首次到上海演出，取得很大成功。

梅兰芳多次拜师学艺，戏路很宽，不仅精通青衣、花旦、刀马旦的旦行表演艺术，还掌握了生行等其他行当的表演技巧，经过充分挖掘和潜心钻研，在他身上逐渐形成了自己的艺术流派——梅派。1921 年组建“崇林社”的时候。他已和京剧大师杨小楼齐名。同时，“梅派”艺术也进入了新阶段。

梅兰芳的京剧唱腔，从朴素的“情”过渡到华丽的“文”，他努力使唱词文字典雅绚丽，并在曲调上引入了昆曲，且加以变通，最终形成了他独有的唱腔特点。在谭鑫培去世后，梅兰芳跃居旦行第一，并在“四大名旦”中自始至终占据着领衔的位置。

1933 年他被戏迷称为“伶界大王”，被捧为梨园界的代表人物。之后，他不得不与政界、商界、军界乃至洋人周旋。因看不惯官场中的阿谀奉承和尔虞我诈，他毅然离开北京，南迁上海。

在上海，恰逢日本大举入侵中国。梅兰芳不甘做亡国奴，无可奈何之际，他想自杀却又不忍，想归隐又不能。两难之际，日本侵略者用金钱利诱他为日本人唱戏，梅兰芳发誓赶不走日本人决不上舞台，并蓄须明志，1945 年 8 月 15 日在听到日本投降的消息后，他立即刮去了长长的胡须，当众宣布将重返京剧舞台。

新中国成立后，梅兰芳受到党和政府的重视，平安地度过了多次运动风潮。梅兰芳努力让自己成为毛主席所倡导的“完全彻底为人民服务”的人，他常告诫自己：生出“不满足”，可；生出“不满意”，则坚决不可。

1961 年 8 月 8 日，梅兰芳逝世，享年 67 岁。他是京剧“四大名旦”之首，是旦角中“前无古人”的大家。

——徐悲鸿

主张“古法之佳者守之，垂绝者继之，不佳者改之，未足者增之，西方绘画可采入者融之”。继承我国绘画优秀传统，吸取西画之长，创造自己独特风格。

姓　名：徐悲鸿

生卒年：1895 年—1953 年

出生地：江苏宜兴

品　质：聪明好学、热爱祖国

1895 年，徐悲鸿出生在江苏省宜兴县亭桥镇。他自幼便显露出绘画的天赋，在父亲的严格要求下，他在绘画方面打下了坚实的基础。

1908 年，家乡水灾，13 岁的徐悲鸿随父亲去异乡卖画谋生。父亲病逝后，他挑起养家重担。1916 年，徐悲鸿的生活安定了下来，住在“哈同花园”，在这里他结识了蒋碧薇。两人心生爱慕，经过重重困难，最后徐悲鸿带着她远走高飞。

一年后徐悲鸿回国。经康有为介绍，他来到了古都北京，画出了不少山水人物画，并借此机会畅谈理想，抒发忧国忧民的情怀。

1920 年，徐悲鸿考入法国巴黎高等美术学校，开始了他的留学生活。这次学习使他在艺术创作上得到了进一步的提高。

1927 年，徐悲鸿结束留学生涯回到上海。他的“素描是一切造型艺术的基础”的理论，在画史上产生了划时代的影响。这宣布了从顾恺之到任伯年一千多年间勾线填色彩的作图形式的基本结束和一代新形式国画的诞生。

抗战期间，徐悲鸿时刻心系祖国安危，

创作了巨幅油画《田横五百士》《愚公移山》，歌颂了战士们威武不能屈的民族精神，鼓舞人民在艰苦的条件下坚持斗争。1932年“一·二八”事变发生后，驻沪十九路军英勇抗战，徐悲鸿作国画《雄鸡》，落款“雄鸡一唱天下白”，来鼓舞士气。

1953年，徐悲鸿病逝于北京医院，享年58岁。

徐悲鸿的作品熔古今中外技法于一炉，显示了极高的艺术技巧和广博的艺术修养，是古为今用、洋为中用的典范，在我国美术史上起到了承前启后、继往开来的巨大作用。

——田汉

不用拿死来吓唬我们！我们不做亡国奴，我们要做中国的主人！

——田汉

字　号：原名寿昌

生卒年：1898 年—1968 年

出生地：湖南长沙

品　质：朴实坚韧、热爱祖国

田汉，1898 年出生于湖南长沙东乡的一个农民家庭。他幼年丧父，靠亲友抚养长大。田汉从小就对戏曲产生了浓厚的兴趣。随着年龄的增长，田汉迷恋的戏剧世界越来越宽广，像湘剧、花鼓戏，都是他喜欢看的剧种。

1910 年，田汉离开家乡，到长沙选升学校读初中。不久，辛亥革命爆发，袁世凯篡夺了辛亥革命的成果，学生军也被解散了。1916 年，田汉赴日本留学。五四时期参加少年中国学会，任《少年中国》编辑，后经宗白华介绍，与郭沫若相识，三人长期保持通信。1921 年，他与郭沫若、郁达夫、成仿吾等人创办“创造社”。

1930 年 3 月，田汉参加“左翼作家联盟”，被选为执行委员。1932 年 4 月，他加入了中国共产党，并担任“左翼剧联”党团书记，领导左翼文化运动。这时期，是他创作的又一高峰。

1934 年初，党的电影小组为开辟电影阵地，组建了电通影片公司。公司拍的第一部影片是《桃李劫》，其主题歌《毕业歌》由田汉作词，聂耳谱曲。这首充满爱国主义思想的歌曲，受到群众特别是青年的喜爱，并被广泛传唱。

1934 年冬，日本帝国主义向平津地区逼近，蒋介石实行卖国投降政策。电通影片公司决定拍摄一部反映东北沦陷、华北危急的抗日救亡影片，并把编写剧本的任务交给了田汉。

经过几天的酝酿，田汉编写了电影《风云儿女》的故事梗概。大家经过讨论认为应该有一首高昂的主题歌来表现爱国思想。

回到家中，田汉百感交集，浮想联翩。他越想越激动，不由得奋笔疾书：起来，不愿做奴隶的人们，把我们的血肉筑成我们新的长城。中华民族到了最危险的时候，每个人都被迫发出最后的吼声。起来、起来、起来，我们万众一心，冒着敌人的炮火前进，前进，前进，进！

短短的几行歌词，把中华民族危急的情形，把中国人民奋力抗争的决心和勇气，真切地表达了出来。这首歌的名字就叫《义勇军进行曲》。

剧本写成不久，田汉被国民党反动派抓获。年轻的音乐家聂耳读了歌词后，深受感染，热情地为歌词谱了曲。随着影片的公映，《义勇军进行曲》很快传遍祖国大地，成为一首民族解放的战歌。

后来，这首歌成为中华人民共和国国歌。

抗战期间，田汉投入抗战戏剧运动，创作了《卢沟桥》《秋声赋》《丽人行》等剧本。

1968年田汉逝世，享年70岁。

——张大千

画风从“清新俊逸”到“瑰丽雄奇”，终达“苍深渊穆”之境，气质淳化，笔简墨淡，其独创泼墨山水，奇伟瑰丽，与天地融合。

姓　名：原名正权，后名季爰，号大千居士
生卒年：1899 年—1983 年
出生地：四川内江县
品　质：勤奋好学、孜孜不倦

张大千原名张正权，1899 年生于四川内江县，是我国著名的国画大师。徐悲鸿称赞他为“五百年来第一人”。

张大千早年曾学习清初四僧，寄居成都期间，学习沈固、唐伯虎等大家的作品，画风深受其影响。1914 年，他进入重庆求精中学读书。

1917 年，张大千与其二哥一同去日本学习绘画和印染艺术。1919 年他回到上海，拜投名家门下学书画、诗文。不久，张大千悄悄地在松江的禅定寺出家，法名“大千”，百日后还俗，回家完婚，但保留下了“张大千”这个名字。

1924 年，张大千回上海不久，其二哥和他人创办了一个艺术团体——秋英会，每年秋季，散居全国的会员纷纷聚集上海，赏菊、饮酒、作画、题字、赋诗。一次，年仅 24 岁的张大千在秋英会上诸多前辈面前毫不做作，提笔画出两株傲霜斗寒的墨菊，然后用工笔画了一个端着酒赏菊的古代仕人。最后，他在画上题了一首杜甫的绝句：“每恨陶彭泽，无钱对菊花。如今九日至，自觉酒须赊。”展露了自己在诗、书、画方面的才能，赢得画坛一片赞叹。1925 年，张大千在上海举办了第一次个人画展，此后，他便以卖画为生。

1937 年，日军攻占北平后，张大千因拒绝担任日华艺术画院院长等职以及拒绝借出所藏字画办画展，被日本宪兵队关押了一个多月。

1941 年，他远赴甘肃敦煌莫高窟，临摹壁画，面壁近三年，并刻苦研究。通过这三年对古代优秀绘画艺术的学习和揣摩，他把敦煌艺术运用于现代作品之中，并将中国人物画推向一个新的高潮。他的艺术修养更加全面，画风也发生了转变。从此他开始善用覆笔重色，他所画的层峦叠嶂的大幅山水画，色彩丰厚浓重，把水墨和青绿有机地融合起来，形成了独创的艺术风格。张大千的敦煌之行不仅对他画艺的提升起了很大的作用，而且对敦煌学的研究也贡献巨大：他将敦煌壁画介绍给世人，使世人得以窥见我们的国宝艺术；而且他的敦煌临摹画也为我国民族艺术的发展开创了一个新境界。

1950 年以后，他先赴印度讲学，然后漂泊海外，曾先后在阿根廷、巴西、中国香港等地居住。他还曾在巴黎会见了西方绘画大师毕加索。

1959 年，他漫游欧洲，又开创了“泼墨、泼彩”的新画风，发明了泼墨山水，他的画达到了深厚、华润而又风姿潇洒、秀逸的境界。

从 20 世纪 40 年代起，张大千来往于亚洲、欧洲、美洲等地，举办了多次画展，蜚声国际，被誉为“当今最负盛名之中国画大师”。

1983 年，张大千在台北去世，享年 84 岁。

——达·芬奇

趁年轻少壮去探求知识吧！它将弥补老年带来的亏损。智慧乃是老年的精神养料，所以年轻时应该努力，这样年老时才不致空虚。

——达·芬奇

姓　名：列奥纳多·达·芬奇
生卒年：1452 年—1519 年
出生地：意大利佛罗伦萨
品　质：聪明刻苦

达·芬奇，1452 年出生在意大利佛罗伦萨附近的芬奇镇，出生不久，他的母亲便被父亲遗弃，于是母亲把他交给了祖父母抚养。7 岁时，他被送进教堂学校读书。孩提时代的达·芬奇就兴趣广泛，尤其喜爱绘画，常为邻居画画，素有“绘画神童”的美称。

14 岁时，他被送往佛罗伦萨，拜著名的艺术家维罗齐奥为师，开始系统地学习造型艺术。维罗齐奥有自己独特的一套训练方法。他既不向达·芬奇传授绘画的理论和技巧，也不让他进行临摹，而是让达·芬奇画鸡蛋。开始几天达·芬奇画了几张，可老师仍让他继续画蛋。他终于失去了耐心，认为老师不想认真教他。老师看出了他的心思，对他说：“世上没有完全相同的蛋。即使是同一个蛋，由于观察角度不同，光线不同，它的形状也不一样啊。”达·芬奇这才恍然大悟。于是，他便开始勤练基本功，学习各类艺术与科学知识，这为他以后取得卓著的成就打下了坚实的基础。

另外，他还结识了一大批知名的人文主义者、艺术家和科学家，受到了人文主义的熏陶，这些对他日后的创作都产生了巨大影响。

经过不断学习和努力，到20岁时，达·芬奇在艺术上已取得了很大的成绩，成为公认的画家。他的早期作品中不仅体现了人文主义思想，还形成了独特的个人艺术风格。在当时，绘画的选题和表现手法都受到封建社会的限制，但达·芬奇的思想不受其约束，依然崇尚解放与自由。

达·芬奇一生在绘画上孜孜不倦地追求，为我们留下了许多名垂千古的杰作。他的壁画《最后的晚餐》、祭坛画《岩间圣母》和肖像画《蒙娜丽莎》都是世界艺术宝库中的珍品。

达·芬奇道德高尚，举止温雅。他的天才表现在多方面。作为哲学家，他认为知识来源于实践，必须从实践出发，通过实践去探索科学的奥秘。在天文学上，达·芬奇否定了传统的“地球中心说”。他在解剖学和生理学上也取得了巨大的成就，被认为是近代生理解剖学的始祖。他的研究和发明还涉及军事和机械方面，在数学领域和水利工程等方面也贡献巨大。他设计了一个类似于飞机的飞行机械，还设计了纺车、机床、冲床，并最早提出了地质学的概念。可以说，达·芬奇是世界上少有的全面发展而且成就突出的学者。

达·芬奇的晚年是在漂泊中度过的。1517年，他离开意大利寄居法国。1519年5月2日，达·芬奇在法国与世长辞，享年67岁。

——米开朗琪罗

完美，是经过一系列恶心之后达到的。

——米开朗琪罗

姓　名：米开朗琪罗·波纳罗蒂

生卒年：1475 年—1564 年

出生地：意大利佛罗伦萨

品　质：刻苦好学、性格顽强

米开朗琪罗于 1475 年 3 月 6 日出生于意大利佛罗伦萨的卡普莱斯镇。他出生后就被寄养在一个勤劳而善良的石匠家里。在那里他受到了最初的艺术启蒙，这种熏陶使他自然而然地拿起了铁锤和凿子。6 岁时，父亲把他送进一家拉丁语学校接受系统的教育。米开朗琪罗特别喜欢画画，但他的父亲觉得雕刻画画是低贱的事，常常对他进行阻止、谩骂，甚至毒打。他始终顽强地抗争着。13 岁那年，为了自己的爱好，他毅然离家出走，到佛罗伦萨市开始专门学习画画。1789 年，他又进入一所雕刻学校潜心学习雕刻，在那里他受到了人文主义的思想熏陶，开始了自己的创作生涯，并取得了巨大成功。

1498 年—1500 年，米开朗琪罗创作了《哀悼基督》并一举成名。1501 年他回到故土，创作了《大卫》，艺术风格日趋成熟。然而专横残暴的罗马教皇朱里奥二世强令他为教会无偿服务。他把一生的坎坷和不幸，内心的痛苦与挣扎，人世间的悲伤和不平，都凝聚在手中的画笔和雕刻刀上，用艺术的语言真切地表达出了他内心的感受。

1508 年，米开朗琪罗接受了为罗马西斯廷教堂绘画天花板的任务。屋顶的面积有 300 平方米，二十多米高，人物343个，在此之前还从未有人画过如此宏伟的壁画。

米开朗琪罗在绘画时常常要爬上很高的脚手架，仰着脖子，弯着腰，艰难地在天花板上绘画，一干就是几个小时。他就这样整整花了4年零3个月的时间完成了这幅轰动全意大利的巨幅壁画。

1524年，他创作了《昼》与《夜》，《旦》与《夕》两组象征性雕塑，1536年他又创作完成了巨画《最后的审判》。

1564年2月18日，米开朗琪罗在工作室逝世，享年89岁。

——巴赫

音乐是赞颂上帝的和谐声音。

——巴赫

姓　名：约翰·塞巴斯蒂安·巴赫

生卒年：1685年—1750年

出生地：德国爱森纳赫

品　质：不畏艰难、积极实现理想

巴赫于1685年出生在德国爱森纳赫的一个音乐世家。他的父亲是一位优秀的小提琴手，家庭成员中还有作曲家、音乐家，在这样的家庭环境熏陶下，他自幼就酷爱音乐。

巴赫8岁时便失去双亲。少年时期他靠奖学金进入圣·米歇尔学校学习。1702年，他从圣·米歇尔学校毕业，一年后成为一家室内乐队的小提琴手。1723年，巴赫开始在莱比锡的圣·托马斯教堂担任歌咏班领唱，并在此后的27年中一直担任此角色。

巴赫是一位多产的作曲家，他的作品包括近300首的大合唱曲组成的《平均律钢琴曲集》、48首赋格曲和前奏曲、140首其他前奏曲、一百多首其他大键琴乐曲、23首小协奏曲、4首序曲、33首奏鸣曲、5首弥撒曲、3首圣乐曲及许多其他乐曲。巴赫一生总共谱写出八百多首严肃乐曲。

巴赫的大多数作品都是宗教音乐。在音乐形式上他无意创新，而是把现有的形式推上最高峰。

在巴赫去世后的半个世纪里，他的音乐大体上无人问津。到了19世纪，人们对巴赫的乐曲重新产生了兴趣，从此，他的声誉和名望与日俱增。他也成为与莫扎特、贝多芬齐名的音乐家。

巴赫被认为是所有著名作曲家中水平最高的艺术家。他谙熟所处时代的所有音乐形式。此外，他的管弦乐作品逻辑性强，富于变化，主题贴切，旋律优美。

巴赫的作品在结构的深刻性和复杂性方面要比其他作曲家的作品具有更加无穷的艺术魅力。从长远来看，巴赫的作品比风靡一时的“流行”作曲家的作品拥有更多的听众，因为它以其独特的魅力占据了听众的心灵，从而成为时尚中的经典。

——莫扎特

奥地利作曲家莫扎特是古典乐派最典型的作曲家，与海顿、贝多芬并称为维也纳古典乐派三大作曲家。

姓　名：沃尔夫冈·阿马德乌斯·莫扎特
生卒年：1756 年—1791 年
出生地：奥地利维也纳市萨尔茨堡
品　质：热爱生活、富于感情

莫扎特于 1756 年 1 月 27 日出生于奥地利维也纳附近的萨尔茨堡，他的父亲在萨尔茨堡的大主教乐队担任小提琴手。小莫扎特自幼天资聪慧，显露出超人才华，被誉为“音乐神童”。莫扎特 3 岁时就能在钢琴上弹奏他所听过的乐曲片段，5 岁开始学作曲，6 岁时就能即席演奏，作品独具一格。

为了开阔眼界和获得皇家赏识，从 1762 年起，在父亲的带领下，6 岁的莫扎特和 11 岁的姐姐玛丽安娜周游欧洲各国，开始了长达 10 年的旅行演出。莫扎特的音乐才能令人震惊，当他的父亲带他去拜见大诗人歌德时，歌德说：“莫扎特是世界的第九大奇迹。”11 岁时，莫扎特创作了自己最初的歌剧《装痴作傻》，14 岁时，他为意大利米兰歌剧院创作歌剧并亲自担任指挥。同年，他获得鲍伦亚学院院士称号，被罗马教皇授予了“金距轮”奖章。

1772 年，16 岁的莫扎特结束了游历生活，回到了家乡萨尔茨堡，在大主教的宫廷乐队里担任首席乐师。由于雇主很苛刻，莫扎特因此辞去了乐师职务，再次开始旅行，希望能获得改变命运的机会。但是，现实使他再次回到了大主教的宫廷里。虽然这段时间莫扎特的生活充满艰辛，但是他创作了许多交响乐、协奏曲和歌剧。1782 年，莫扎特与康斯坦斯在维也纳结婚定居，开始了独立自主的艺术生涯。莫扎特虽然越来越出名，但却越来越穷，有时甚至连吃饭都成问题，经常要向人借钱。尽管生活贫困，他却把更多的激情注入音乐中，创作出了许多优秀的作品。

莫扎特在维也纳的最后 10 年，是他进行音乐创作的黄金时期。他写下了自己最辉煌的作品，包括著名歌剧《费加罗的婚礼》，《魔笛》第 39、40、41 交响曲等世界著名作品。

1791 年 12 月 6 日凌晨，莫扎特安静地离去，年仅 35 岁。

——贝多芬

音乐应当使人类的精神爆发出火花。

——贝多芬

姓　名：路德维希·凡·贝多芬

生卒年：1770 年—1827 年

出生地：德国波恩市

品　质：聪明好学

贝多芬，1770 年 12 月 16 日出生于德国波恩市的一个音乐世家。他从小就表现出了非凡的音乐天赋。3 岁时，贝多芬便跟随父亲进入乐团学习演奏钢琴和提琴等乐器。8 岁时，他随父亲到科隆和鹿特丹巡回演出。1783 年，贝多芬发表了他的三首奏鸣曲，并获得了成功。贝多芬年轻时访问过维也纳，在那儿结识了莫扎特。1792 年，贝多芬返回维也纳并在此定居，师从海顿、申克等人。

在老师的指引和影响下，贝多芬一步步迈入音乐的最高殿堂，不久就成为一名多产的作曲家。创作上，他大胆创新，并发挥即兴演奏的优势，创作出了一大批优秀的作品。

1798 年，他的听觉开始衰退，多方治疗都不见好转，并且日益恶化。1802 年—1815 年，他的失聪症不断加剧，因此深居简出，性格变得越来越孤僻。1801 年—1806 年，他遭遇了两次爱情失败，使他在精神上深受打击，但这也促使他把更多的心血投入艺术创作中。

贝多芬不断地谱写出大量的音乐作品，如 1804 年创作的《英雄交响曲》，1808 年创作的《命运交响曲》。

1820 年后，饥饿、疾病使贝多芬完全耳聋。他不能再登台演出，性格因此变得更加孤独怪僻。他很少关注当时为观众喜闻乐见的音乐，而是投入了更大精力为未来而创作。他先后完成了第九号提琴奏鸣曲《克罗采》、第二十一号钢琴奏鸣曲《华德斯坦》、第二十三号钢琴奏鸣曲《热情》，歌剧《费黛里欧》、《第四号钢琴协奏曲》、《D 大调小提琴协奏曲》、第六交响曲《田园》、第五钢琴协奏曲《皇帝》等不朽名作。

这位天才的作曲家在饱尝失聪的痛苦的同时，仍以一种超人的毅力继续创作，取得了令人难以置信的成就。1824 年，他完成了一生中最负盛名的《第九交响曲》。

贝多芬以超人的毅力创作了大量影响深远的作品，其中包括 9 部交响曲，32 首钢琴奏鸣曲，5 部钢琴协奏曲，10 部钢琴、小提琴奏鸣曲，一系列弦乐四重奏曲、声乐曲、剧乐曲，以及许多其他乐曲。他的作品把完美的想象和奔放的感情有机地结合起来，自由地歌唱欢乐与痛苦。贝多芬用自己的演奏叩响了人们的心弦，陶冶着人们的情操。他的音乐作品和理论，对许多后来的作曲家，如舒伯特、柴可夫斯基、施特劳斯等都有很大的影响。

晚年的贝多芬因耳聋不能与别人对话，只有靠一支笔、一个本子与别人交流。虽然这样，他仍然继续自己的创作生涯。1826 年，他一病不起。1827 年 3 月 26 日，贝多芬与世长辞，享年 57 岁。

——肖邦

我愿意唱出一切为愤怒的、奔放的情感所激发的声音，使我的作品能作为约翰的部队所唱的战歌。战歌已绝响，但它们的回声仍将荡漾在多瑙河两岸。

——肖邦

姓　名：弗雷德里克·弗朗西斯克·肖邦

生卒年：1810 年—1849 年

出生地：波兰华沙郊区热拉佐瓦沃拉

品　质：热爱祖国

肖邦是波兰著名的作曲家、钢琴家，1810 年 3 月 1 日生于华沙近郊热拉佐瓦沃拉。

肖邦的母亲是一位很有音乐才能的波兰人。肖邦自幼就具有良好的音乐天赋。7 岁时，他发表了第一首作品——《G 小调波兰舞曲》。8 岁时在举行了第一次公开的演奏后，小肖邦被誉为“波兰的莫扎特”，并经常出入宫廷为贵族演奏。

1830 年，法国爆发七月革命，影响波及整个欧洲。肖邦的亲人、老师、朋友敦促他出国深造。1830 年 11 月 2 日，他怀着依依不舍的心情离开了祖国。

肖邦纪念碑

肖邦从 19 世纪 30 年代就经常患病，病痛的折磨，思乡的心情，加之生活的孤独使他日渐憔悴。1849 年 10 月 17 日，肖邦因结核病于巴黎逝世，年仅 39 岁。

肖邦的一生虽然短暂，但他的音乐创作延续了 30 年，为人类留下了丰富的艺术珍品，他的作品大致可分为两个阶段：

一、华沙时期（1817 年—1830 年）。他在这个时期作品的基调是乐观的，但由于年龄和阅历的原因，思想深度有限。清新、明快是肖邦这一时期绝大多数作品的风格。

二、巴黎时期（1831 年—1849 年）。他的后期的作品思想性很高、感情充沛、气势宏大。如《第一叙事曲》《小调练习曲》等。

肖邦的音乐具有无与伦比的幽婉、细腻、抒情和优美等特点。肖邦一生共创作了 20 首小夜曲。他的另外一种乐曲叫“前奏曲”，比小夜曲稍短，但更加抒情。“练习曲”是肖邦作品中另外一块重要的组成部分，规模宏大、内容丰富，如《蝴蝶练习曲》等。肖邦的作品中最著名的是他的各种舞曲，如圆舞曲、波兰舞曲、马祖卡舞曲等。肖邦还写过一些叙事曲、诙谐曲、奏鸣曲、协奏曲，同样别具特色、扣人心弦。

——凡·高

为了更有力地表现自我，我在色彩的运用上更为随心所欲。

——凡·高

姓　名：文森特·凡·高
生卒年：1853年—1890年
出生地：荷兰津德尔特
品　质：坚持自己的信念

凡·高于1853年3月30日出生在荷兰北部的津德尔特村的一个牧人家庭。凡·高于1878年来到了比利时南部博里纳日的矿区传教，不久他被教会解雇，继而在其兄弟泰奥的帮助和指导下，开始学画并取得了一些进步。

凡·高早期的画风深受荷兰传统绘画与法国现实主义画派的影响，注重写实。1886年，凡·高来到巴黎，结识了大批知名印象主义画家，并接触到日本的浮世绘画作品，视野大为开阔，作品色调也变得明亮起来。

1888年10月，凡·高应邀到阿尔勒与泰奥同住，可是由于性格不合和艺术追求不同，俩人出现矛盾不欢而散。同年12月，凡·高因精神失常，于1889年夏到圣雷米精神病院休养。1890年5月出院，同年7月曾去巴黎探望泰奥一家，并会见图卢兹·洛特雷克。因旧病复发，凡·高于7月27日开枪自杀，29日清晨离世。

凡·高作品《蝴蝶花》。

凡·高创作的成熟期是1888年到阿尔勒以后，他大胆地探索、自由地抒发内心的感情，追求线和色彩自身的表现力。这一年他创作了46幅画，凡·高一生共创作了八百多幅作品。阿尔勒时期的名作有《向日葵》《邮递员罗兰》《椅子和烟斗》《咖啡馆夜市》《抽着烟斗、包扎着耳朵的自画像》等。雷米时期和在瓦兹河畔欧韦创作的作品，著名的有《星光灿烂》《凡·高在阿尔勒的卧室》《加歇医生》《欧韦的教堂》等。

凡·高生前并未得到社会的真正承认。他生前只卖出一幅画，售价4英镑。而100年后，凡·高的《向日葵》以4200万美元的价格售出。后来，他的《蝴蝶花》在一次拍卖中，售价高达5350万美元。这是我们迄今所知的艺术品的最高价之一。而凡·高为人类留下的艺术珍品将永放光芒。

——毕加索

我的每一幅画中都装有我的血，这就是我的画的含义。

——毕加索

姓　名：巴布罗·路易兹·毕加索
生卒年；1881 年—1973 年
出生地：西班牙马加拉省
品　质：执着、热爱绘画

毕加索于 1881 年 10 月 25 日出生在西班牙南部的马加拉省。他的父亲是位小有名气的画师，毕加索从 8 岁就开始学习绘画，很早就显露出自己的才华。

1900 年，毕加索在巴黎举办了首次画展，引起了法国画界的注意。1904 年，毕加索定居巴黎。这一时期毕加索的画以蓝色为主，表达了人的痛苦，他以独特的个人风格确立了他在画界的地位。毕加索和女画家奥利维埃生活在一起以后，虽然生活依旧贫困，但他作品的色调明快了许多，进入了“粉红色时期”——以玫瑰红为主调。代表作有《沙蒂姆邦克一家》《站在球上的少女》《拿扇子的女人》等。1908 年以后，毕加索开创了“立体主义”的绘画风格，代表作品有《阿德尼翁姑娘》。毕加索的画风不断发生变化，从立体主义到新古典主义，然后又变成了超现实主义。所以，在西方美术史上，他既是立体主义的创始人，又是新古典主义和超现实主义的主要代表。

1936 年西班牙内战爆发后，毕加索积极参加反法西斯的社会活动，还把卖画所得的 40 万法郎全部捐给政府。1937 年，德国法西斯对西班牙小镇格尔尼卡进行了长达三个多小时的

空袭，将小镇夷为平地。毕加索闻讯后非常气愤，并以这一事件为题材创作了他最著名的代表作——油画《格尔尼卡》。这幅画的色调是黑、白、灰三色，结合立体主义、现实主义和超现实主义的风格表现痛苦和不幸，以深刻的内涵表达了对法西斯暴行的强烈抗议。德军占领巴黎后，毕加索仍旧留在巴黎，闭门谢客，潜心作画。1944 年巴黎解放后，毕加索举办了战时作品的大型展览，获得了极高的荣誉。战后，他又特意为世界和平大会画了著名的《和平鸽》。

1973 年，毕加索因病逝世，享年 92 岁。

——卓别林

无论天资有多么高，他仍需学会技巧来发挥那些天资。

——卓别林

姓　名：查尔斯·卓别林

生卒年：1889 年—1977 年

出生地：英国伦敦

品　质：聪明刻苦、百折不挠

查尔斯·卓别林 1889 年 4 月 16 日出生于英国伦敦的一个贫民区。他的父母都是杂剧团的喜剧演员。母亲每次演出都把他带到剧院。5 岁时，他代替母亲登台演出，并获得成功。迫于生计，卓别林做过报童、佣人、印刷工。12 岁时，他就跟随戏班，过着漂泊的生活。

由于他对所刻画人物的深刻理解与表演技巧的娴熟，很快受到了老板与观众的欢迎。工作期间，他不断汲取古典幽默剧的优良传统，初步形成了一套独特的哑剧风格。1907 年，卓别林被卡尔诺剧团录用，在《哑鸟》等剧中担任主角，并获成功。从此声名大噪。卓别林在纽约演出时，引起了好莱坞片商的注意。1913 年底，他和基斯顿公司签订了合同，正式成为该公司的主要演员。卓别林在 1914 年拍了第一部电影《谋生》，并在一年内主演了 35 部短片。他的流浪汉夏尔洛的形象赢得了观众的广泛认同。

1914 年，第一次世界大战爆发。卓别林决心揭露、抨击残害人民的各种邪恶势力。1915 年卓别林先后完成了社会讽刺片《安乐街》《移民》《狗的生涯》和《夏尔洛从军记》等影片。这些影片从不同角度揭露了战争给人们带来的灾难。此后，富有正义和社会责任感的卓别林拍摄了《淘金记》《大独裁者》《摩登时代》《凡尔杜先生》等优秀影片，以此来揭露黑暗现实。不久，他便因此受到美国政府的迫害。1952 年，卓别林被美国政府驱逐出境。随后，他决定定居瑞士。

1954 年 5 月，在柏林召开的世界和平理事会宣布，颁发给他国际和平奖章。1972 年，美国政府勉强更正了对他的裁决，同年他访问美国，并接受奥斯卡特别奖。

1977 年 12 月 25 日，卓别林与世长辞，享年 88 岁。

政治、军事家篇

他们是人类历史长河中的璀璨群星，他们是从硝烟中走出的铁血将军，他们更是直到今天也应该被我们学习和崇拜的楷模。让我们在本书的叙述中，走进历史、走近名人。

——孙武

兵者，诡道也。故能而示之不能，用而示之不用，近而示之远，远而示之近。

——孙武

字　号：字长卿，誉称“兵圣”

生卒年：公元前551年—公元前479年

出生地：齐国乐安（今山东惠民）

品　质：智、信、仁、勇、严

孙武，公元前551年生于齐国乐安。他的祖父、父亲都是齐国著名将领，从小便对其进行军事熏陶，孙武在青少年时期即注重学习军事知识，擅于击剑。公元前532年，为避齐国之乱，他辗转来到吴国，并在吴国军队中当军校，参加过吴楚战争。后来他因伤退伍，隐居山村，潜心研究兵法，著书立说，以期大展宏图。

在隐居期间，孙武结识了楚国人伍子胥，伍子胥非常欣赏孙武的军事才能，于是两人成了非常亲密的朋友。

伍子胥先后7次向阖闾推荐孙武，并把他写的兵法逐篇向阖闾讲解。阖闾终于看到了孙武的才能，于是决定亲自召见孙武，并对他非常赏识，还从宫中选派180名宫女，让孙武进行操练。

孙武把宫女们分成两队，让吴王最宠爱的两位美姬分别担任队长，发给每个宫女一支戟，然后教她们列队方法。不料号令一出，宫女们根本不听号令。孙武为了严明军纪，下令将两名队长斩首。然后，他任用每队中第二名宫女为队长，重新击鼓发令。宫女们这回才知军令如山，个个令行禁止，无人喧哗。

吴王阖闾也意识到孙武是个不可多得的人才，于是命他为将军。吴军在孙武的严格训练下，很快成为一支纪律严明、训练有素的军队。

公元前506年，吴国征伐楚国，吴王阖闾亲自出马，孙武为将军，伍子胥为副将，率3万主力大破20万楚军，五战五捷，一举攻下楚国都城郢。

公元前496年，孙武、伍子胥继续辅佐夫差励精图治，加紧备战，3年后大败越军。公元前482年，吴国在黄池（今河南封丘）与诸侯国会盟，取代晋国成为霸主。

公元前479年，孙武逝世，葬于江苏吴县（今苏州）东门外。

——秦始皇

及至始皇，奋六世之余烈，振长策而御宇内，吞二周而亡诸侯。履至尊而制六合，执敲扑而鞭笞天下，威震四海。

——贾谊《过秦论》

姓　名：嬴政

生卒年：公元前259年—公元前210年

出生地：邯郸

品　质：富有谋略、专制暴虐

秦始皇，姓嬴名政，公元前259年生于赵国都城邯郸。当时秦赵两国正在交兵，他的父亲异人作为人质被扣押在赵国。公元前257年，赵国战败，想杀掉异人，异人在富商吕不韦的帮助下逃回秦国。赵王盛怒，要杀赵姬母子，赵姬怀抱嬴政藏了起来。风声过后，母子俩才悄悄地回到了秦国。

在吕不韦的资助下，异人回国后当上了太子，并于公元前249年继承了王位，他就是庄襄王。公元前247年，异人因病身亡，年仅13岁的太子嬴政顺理成章地成为秦王。吕不韦被尊为相国，主持朝政。大权落入太后赵姬、吕不韦等人手中。

公元前239年，嬴政和吕不韦展开激烈的斗争。公元前238年，秦王嬴政加冠亲政，独掌大权，年仅22岁。

秦王嬴政安定了国内形势之后，开始逐步进行统一六国的战争。从公元前230年灭韩，到公元前221年灭齐，嬴政仅用了10年时间扫灭六国，一统天下。

秦始皇结束了长期的封建割据局面，建立了中国历史上第一个多民族的中央集权的封建国家——秦朝。统一全国后，嬴政自称“始皇帝”，开始着手建立中央集权的政治体制。

秦始皇在中央设立三公九卿的统治机构，并在地方实行郡县制，把全国分为36个郡，由中央直接管辖。这套制度一直沿用了两千多年，对中国历史产生了重大影响。

秦始皇还采取了“书同文，车同轨”的措施。他通令全国上下，一律使用标准文字小篆和隶书。他还下令编写识字课本，在全国范围内推行。秦始皇又统一规定车轨一律为六尺宽，这样，车辆就可以在全国各地通行无碍了。秦始皇还建立了四通八达的陆路交通网，并且连接了长江水系和珠江水系。秦始皇还统一了货币和度量衡，并且颁布诏书，废除六国旧制，把商鞅变法时确立的秦国度量衡标准推向全国。

中原地区稳定以后，秦始皇又着手巩固北部和南部的边防。公元前215 年，秦始皇派蒙恬统兵北击匈奴，收复了河套地区。随后，秦始皇还把秦、赵、燕三国修筑的长城连接起来，建成了西起临洮、东至辽东的万里长城。

在南方，秦始皇征服了百越，设立了会稽郡。公元前 214 年，他又发兵攻占南越，设立西南三郡，从中原移民 50 万前去驻守。

秦始皇是一个卓越的政治家，他对历史的发展作出了巨大的贡献，堪称千古一帝。但是，在他 12 年的统治中，他狂妄自大、专制暴虐、穷奢极欲，实行严刑苛法，加重租役、大兴土木、常年用兵等给人民带来了深重的苦难。公元前 213 年的焚书坑儒还严重地摧残了中国的古典文化。

公元前 210 年 7 月，秦始皇病死在沙丘平台（今河北巨鹿境内），年仅 50 岁。

——李世民

以铜为镜，可以正衣冠；以古为镜，可以知兴替；以人为镜，可以明得失。君者，舟也；庶人者，水也。水能载舟，亦能覆舟。

——李世民

字　号：不详

生卒年：公元599年—公元649年

出生地：武功郡

品　质：聪明勤奋、胸怀大志

公元599年，李世民出生在武功郡。李世民的父亲李渊是唐朝的开国皇帝。公元615年，天灾人祸交加，局势动荡不安，地方将领和豪杰纷纷起兵反叛。18岁的李世民向犹豫不决的父亲大胆进言，分析了形势，坚定了父亲起兵的决心。

公元617年5月，李渊在太原起兵。李渊让李建成指挥左路三军，李世民指挥右路三军，直捣首都长安。公元618年，李渊自立新朝，国号为唐，即为唐高祖。

经过7年不停征战。李世民率领唐军最终完成了统一天下的大业。

公元621年，李世民带着战功凯旋而归。可是，为了保住太子的地位，李建成和弟弟李元吉联合起来，对付李世民。于是，李世民和李建成、李元吉两大集团之间发生了争夺皇位的殊死决斗。公元626年6月，李世民在长安玄武门设下伏兵，一举诛灭了李建成集团。同年，李渊退位，李世民即位，即为唐太宗。

李世民即位后，大力推行均田制，奖励农业生产，减轻赋税和徭役，为当时社会生产的恢复和经济的发展奠定了基础。

李世民用人以德才为标准，不分新人、旧人

和亲疏贵贱，只要有德有才，便人尽其才。李世民还是一个善于纳谏的君主，能随时用隋朝灭亡的教训来提醒自己。

李世民对贪官污吏十分痛恨，他以惩办和教育相结合的手段来整肃吏治，取得了良好的效果。

李世民锐意开拓，攻破东突厥，平定高昌，并打击了西突厥，解除了数十年的边患，继汉武帝之后再次打通了西域交通，实行和亲政策，促进了东西方之间的文化交流。

公元649年，李世民在长安病逝，享年51岁。李世民在位的23年，政治开明，经济发展迅速，社会也比较安定，被后人称为“贞观之治”。

——成吉思汗

人类历史上前无古人，后继无人的最杰出的军事战略家，智慧超群。

姓　名：铁木真

生卒年：1162年—1227年

出生地：蒙古高原鄂嫩河畔

品　质：爱惜人才、宽宏大度

铁木真于1162年出生在蒙古高原鄂嫩河畔乞颜部的一个贵族家庭。铁木真的父亲也速该因为作战英勇，被推举为乞颜诸部的领袖。1170年，也速该被塔塔儿人毒死，家族从此败落，铁木真一家开始了颠沛流离的生活。

铁木真在苦难中不断成长，变得坚强睿智。青少年时期他便武艺超群、才智过人，远近闻名。1179年，他的妻子被蔑儿乞人抢走，铁木真联合王汗和札木合进攻蔑儿乞部，夺回了妻子，同时也壮大了自己的势力。

1196年，铁木真联合王汗，配合金国军队，在斡里札河围歼了反叛金国的塔塔儿部，杀死了他们的首领，报了杀父之仇。1202年，铁木真彻底歼灭塔塔儿部，占领了西起斡难河、东到兴安岭的广大地区。1204年，铁木真征服了蒙古草原上唯一能和自己对抗的乃蛮部的首领

太阳汗，并于1206年统一整个蒙古草原。各部贵族在斡难河源头举行盛大集会，推举铁木真为大汗，称为成吉思汗。成吉思汗的家族拥有全部的土地和百姓。他按照分配家产的方式，将百姓和土地分给自己的子弟亲族。成吉思汗推广了千户制度，世袭管辖。

蒙古国建立之后，成吉思汗开始向外扩张。1207年派长子术赤北征“林中部落”。1209年—1211年，成吉思汗先后三次攻打西夏，迫使西夏称臣纳贡，并随同蒙古一同进攻金国。1211年，成吉思汗南下进攻金国，1215年，攻占了中都燕京。1220年，成吉思汗连破花剌子模的要塞，于1222年血洗花剌子模中心城市玉龙杰赤，并且派军深入巴基斯坦、印度追击逃敌。之后，大军继续西进，征服了阿塞拜疆，横扫伊拉克，并于1223年跨过高加索山，在阿里吉河打败俄罗斯与钦察联军。

1227年7月，成吉思汗病死军中。他被尊称为“一代天骄”。

——拿破仑

不想当将军的士兵不是好士兵。

——拿破仑

姓　名：拿破仑·波拿巴

生卒年：1769 年—1821 年

出生地：法国科西嘉岛

品　质：能力非凡、独裁统治、自私残暴

拿破仑 1769 年 8 月 15 日出生在科西嘉岛的一个贵族家庭。15 岁他进入巴黎陆军学校学习，深受法国启蒙思想的影响。从巴黎陆军学校毕业后，16 岁的拿破仑当上了一名炮兵少尉。1789 年法国革命爆发，拿破仑有了展露才干的机会。次年他便被提升为上尉。1799 年，拿破仑从战场上悄然返回法国，发动了“雾月政变”，夺取了政权。1804 年拿破仑加冕称帝。

1814 年的莱比锡战役拿破仑惨败给反法联盟。之后，反法联军占领巴黎，拿破仑被流放到意大利海边的厄尔巴岛。1815 年，拿破仑成功逃出流放地，返回法国，复辟成功。欧洲其他列强立即向法国宣战，百天之后拿破仑在滑铁卢战役中惨败。之后被流放到大西洋的圣赫勒拿岛。1821 年拿破仑去世，终年 52 岁。

——林肯

不会被困难所吓倒，不会为成功所迷惑的人，他不屈不挠地迈向自己的伟大目标，而从不轻举妄动，他稳步向前，而从不倒退；……总之，他是一位达到了伟大境界而仍然保持自己优良品质的罕有的人物。

——马克思

姓　名：亚伯拉罕·林肯

生卒年：1809 年—1865 年

出生地：美国肯塔基州哈丁县

品　质：正直、仁慈、坚强

林肯 1809 年 2 月 12 日出生于美国肯塔基州哈丁县诺林溪边的一个拓荒者家庭。由于家境贫寒，他没有接受过正式教育。但他从小勤奋好学，自学了丰富的知识。9 岁时，林肯的母亲离世，继母对他非常疼爱。16 岁时，林肯第一次见识了外面的世界，他乘船顺着俄亥俄河进入密西西比河到了新奥尔良。黑奴的悲惨生活，深深地刺痛了林肯，他暗下决心：一定要推翻奴隶制度。

林肯在 1834 年当选为伊利诺伊州议员，开始了他的政治生涯。1842 年，林肯全面掌管辉格党。1847 年他当选为国会议员。1854 年，共和党成立，林肯旋即加入了这个主张废除奴隶制的党派。1856 年，他在共和党的第一次全国代表大会上被提名为副总统候选人。1858 年，林肯在参加伊利诺伊州参议员竞选时，发表了一篇题为《裂开了的房子》的著名演说，他把美国南北两种制度并存的局面比喻为“一幢裂开了的房子”，并明确表达了希望维护国家统一的愿望。1860 年 11 月 6 日，林肯当选为美国第 16 任总统。

林肯的当选，对南方种植园主的利益构成了严重威胁。南方叛乱诸州建立了自己的政权，并在 1861 年 4 月 12 日不宣而战，炮击了联邦政府军驻守的萨姆特要塞，美国内战开始了。1862 年 9 月，林肯起草了《解放黑奴宣言》，并于 1863 年的 1 月 1 日正式颁布，宣布废除叛乱各州的奴隶制，黑人奴隶获得人身自由并且允许黑人当兵。1864 年 11 月，林肯再次当选为总统。南方投降，历时 4 年的南北战争结束。

1865 年 4 月 14 日，林肯在华盛顿的福特剧院里看戏时，被南方奴隶主收买的一个枪手刺杀，并于次日上午去世，享年 56 岁。

——列宁

神奇的预言是神话，科学的预言却是事实。

——列宁

姓　名：弗拉基米尔·伊里奇·乌里扬诺夫

生卒年：1870 年—1924 年

出生地：俄罗斯辛比尔斯克

品　质：不畏艰难、不屈不挠、严于律己

列宁于 1870 年出生在俄国辛比尔斯克市（为了纪念他，现在称为乌里扬诺夫斯克）。20 岁时列宁已成为一位热情的马克思主义者。1895 年 12 月，列宁由于参加革命活动被沙皇政府逮捕，在监狱里度过了 14 个月，随后就被流放到西伯利亚。第一次世界大战给列宁提供了良好的契机。1917 年 3 月，沙皇政府被推翻，从表面上看，俄国好像可以实行一种民主政体。因此他号召布尔什维克立即组织推翻临时政府，用一个共产主义政府来取而代之。1917 年 11 月列宁举行起义，并获得成功，他成为了新国家的缔造者。列宁的重要贡献在于他在俄国建立了世界上第一个社会主义国家。他接受了马克思的思想，并将其付诸现实。1924 年，列宁去世。

——丘吉尔

我们不会消沉或失败，我们要坚持到最后。

——丘吉尔

姓　名：温斯顿·丘吉尔

生卒年：1874 年—1965 年

出生地：英国伦敦

品　质：聪明开朗、自信坚强

丘吉尔于 1874 年 11 月 30 日出生在英国伦敦的一个贵族家庭。童年时代的他酷爱历史、军事与文学。1895 年，丘吉尔从军校毕业后被分配到第四轻骑兵团，任骑兵少尉，开始了戎马生涯。1911 年 10 月，他出任地位显赫的海军大臣。两年后，他又以军需大臣的身份进入内阁，并下令研制坦克。1922 年至 1929 年，丘吉尔出任鲍尔温保守党政府的财政大臣。1939 年 9 月 3 日，英国和法国向德国宣战，丘吉尔再次出任海军大臣。1940 年 5 月 10 日，英王紧急授权丘吉尔任首相，重组内阁。1945 年 5 月 7 日，德国宣布投降。两个月后，丘吉尔下台，转而撰写《第二次世界大战回忆录》，继续积极参加国内外的政治活动。

1965 年 1 月 24 日，丘吉尔因病逝世，享年 91 岁。

——罗斯福

个性的造就由婴孩时代开始，一直继续到老死。

——罗斯福

姓　名：富兰克林·德兰诺·罗斯福

生卒年：1882 年—1945 年

出生地：美国纽约

品　质：聪明刻苦

罗斯福 1882 年 1 月 30 日出生于美国纽约州海德庄园的一个富有家庭，小时候经常随父母游历欧洲，积累了不少生活阅历。1904 年，罗斯福从哈佛大学毕业后，又进入了哥伦比亚大学法学院学习法律。1910 年，他以民主党候选人的身份当选为纽约州参议员，开始了从政生涯。

1912 年，罗斯福帮助威尔逊赢得了竞选的成功，他本人也因为出色的政治手段和组织才干在民主党中初露头角，并在 1913 年被威尔逊总统任命为海军部助理部长，任职 7 年。1928 年，罗斯福竞选为纽约州州长，第二年，美国爆发了严重的经济危机。罗斯福在纽约州采取了多种措施来救济失业工人，稳定社会秩序，在民主党中的威信大增。因政绩突出，1933 年 3 月 4 日，罗斯福当选为美国第 32 届总统。上任后，他就宣布实施旨在摆脱大萧条的“新政”，在 100 天的时间里，接连颁布了“紧急银行法”“黄金储备法”“国家工业复兴法”“农业调整法”等 15 项重要法案，使美国经济摆脱困境。1936 年，他再次当选为美国总统。

1937 年，罗斯福在芝加哥发表了著名的“防疫演说”，明确表述了他希望参加反法西斯战争的思想。1940 年 5 月，不列颠战役爆发后，罗斯福在五个月的时间内，给英国送去了大量军火，成为英国实际上的盟国。1940 年 11 月 5 日，罗斯福第三次当选为美国总统。最终，美国投身于世界反法西斯战场，成为世界反法西斯战争的中坚力量。1941 年罗斯福与丘吉尔联合发表了《大西洋宪章》，奠定了世界反法西斯联盟建立的基础。

1944 年 10 月，罗斯福打破了美国建国近 100 年来的历史，第四次连任美国总统。但此时，他的健康每况愈下，心脏病、高血压经常发作。1945 年 4 月 12 日，罗斯福在佐治亚温泉病逝，享年 63 岁。